[英] 西蒙·罗伯茨 Simon Roberts ——— 著

**你的身体是如何学习和记忆知识
以及为什么你应该相信它**

身体学习法

The Power of
Not Thinking
How Our Bodies Learn and
Why We Should Trust Them

中国青年出版社
CHINA YOUTH PRESS

**图书在版编目（CIP）数据**

身体学习法：你的身体是如何学习和记忆知识，以及为什么你应该相信它 /
（英）西蒙·罗伯茨著；周荞译. —北京：中国青年出版社，2023.5

书名原文：The Power of Not Thinking: How Our Bodies Learn and Why We Should Trust Them

ISBN 978-7-5153-6880-1

Ⅰ.①身… Ⅱ.①西…②周… Ⅲ.①学习方法 Ⅳ.①G442

中国版本图书馆CIP数据核字（2022）第252682号

## 身体学习法：
## 你的身体是如何学习和记忆知识，以及为什么你应该相信它

作　　者：[英]西蒙·罗伯茨

译　　者：周荞

责任编辑：肖　佳

文字编辑：高　凡

美术编辑：佟雪莹

出　　版：中国青年出版社

发　　行：北京中青文文化传媒有限公司

电　　话：010–65511272/65516873

公司网址：www.cyb.com.cn

购书网址：zqwts.tmall.com

印　　刷：大厂回族自治县益利印刷有限公司

版　　次：2023年5月第1版

印　　次：2023年5月第1次印刷

开　　本：787×1092　1/16

字　　数：150千字

印　　张：13

京权图字：01–2021–7083

书　　号：ISBN 978-7-5153-6880-1

定　　价：59.00元

献给露西、
乔、玛莎和基特

# CONTENTS | 目录

# INTRODUCTION
# 前　言

## 如何开车

想象这样一个画面：硅谷后街一个不起眼的、都是独栋办公楼的街区，其中某个路口处停放着几辆谷歌员工在园区间通勤的红黄绿相间的自行车。仅凭建筑的外观，我们几乎看不出旁边这栋楼的办公室里有一群高学历的机器人学家、计算机科学家、研究学者正在尝试破解一个难题。他们想要复制一个很多人每天都在做的事——开车，一个自然到人们不用多想就能做出来的技能。探问之下，大家也描述不出来自己平时到底是怎么开车的。

开车这件事太过寻常，以至于人们都没怎么放在心上。我们坐上车，启动，挂挡，然后便驾车离开。如果车上还有乘客的话，我们还能和他们聊天，也无须减速。除了最危险的下雪、结冰、浓雾的天气，大多数司机面对陌生的路况或交通情况时都不会有什么问题。我们不仅能很快适应自己的车，即使换一辆车，也照样能在不熟悉的道路上驾驶。

这种流畅的、本能的、强适应性的技能就是这座办公楼中的团队想要复制的。如今的汽车行业，科学家们都在研究发明无人驾驶汽车，希望它能够被适用于各个场景中、各种状况下。这个目标也被称为驾驶的"第五等级"。迄今为止，虽然测试车已经行驶了上百万英里，阶段性成果也都很优秀，但是距离自动驾驶的第五等级仍然有一段距离，有关自动驾驶可行性的各种议题也仍在讨论之中。

开车看似简单，实际上却是人类执行的最复杂的任务之一。司机不仅仅是转动方向盘驾驶，他们需要持续不断地判断、计划、预测，处理当下的一切信息。判断周围的人（司机、路人）正在做什么、在想什么，以及接下来会发生什么……所有的一切都是人们凭直觉完成的，当我们手握方向盘时，汽车已然成为我们身体的延伸。

仔细看看无人驾驶汽车的后备箱，你就会发现它们需要多少计算能力。后备箱根本没有足够的空间放行李箱或从超市买回来的一大袋东西。也正是这种需要装满一堆电脑保障运行的无人驾驶汽车让我们意识到驾驶一辆汽车需要多少智能。我和硅谷的团队聊过他们这个艰巨的任务，其中一位曾是美国国家航空航天局（NASA）火星探测漫游者计划（Mars Exploration Rover）的机器人科学家。交流之后你会发现，人类是多么智慧，要模仿起来是多么困难。

但是智慧的本质到底是什么呢？其实真的很难说明白我们开车的时候在做什么，而且你越试图回答，就会有越多的疑问。来看看一个英国的汽车组织，皇家汽车俱乐部（RAC）撰写的启动汽车操作说明：

— 将钥匙插入汽车启动器，旋转直至发动引擎；

— 踩下离合器踏板（是左边的那个踏板）；

— 移动换挡杆至一挡；

— 右脚轻踩油门以缓慢提高发动机转速；

— 左脚慢慢松开，将离合器踏板抬高，直到踏板开始轻轻振动；

— 松开手刹，此时汽车开始缓慢移动；

— 左脚慢慢从离合上抬起，提高转速，直至向前行驶。

如果你已经知道怎么开车了，那么这个操作指令并不难懂。但如果你不会开车，指令能带来的帮助应该是极为有限的。如果一个新手司机遵循以上的指令上路，很可能车会纹丝不动或向前猛冲，最终熄火。这些指令当然还是有一定的作用的，能够提醒我们必要的步骤和正确的执行顺序，但如果想真正跳上汽车，不假思索地把车开走，仅靠这些指令还远远不够。

没有人是靠背诵操作说明的步骤学会开车的。我们并不是因为知道什么叫做"左脚慢慢松开，将离合器踏板抬高，直到踏板开始轻轻振动"才会开车的。我们能够平稳地将车启动是因为我们有这样一种感觉，知道该将离合器放到什么程度，油门又该踩到什么程度，才能避免熄火。而且，我们开得多了，就知道在不同的路况、不同的坡度上该用怎样的力道。对于如何操作，我们有一种直觉，而这种直觉也随着经验的丰富逐渐完善。

刚开始学车的时候是很难的。因为你要处理的信息全都是"陈述性知识"（propositional knowledge），就像是皇家汽车俱乐部（RAC）写的操作指令，全是一些分散的步骤。当你开始尝试记住哪一步要做什么的时候，你大脑中的小齿轮也转动起来：

- 踩下离合，挂一挡，加一点油门，稍微松开离合器，再加一点油门。
- 现在转速过快，稍微松开点油门。
- 离合松得太快了。熄火。
- 再试一次。

这个学习的过程需要大脑和身体协同工作，身体需要去处理汽车给我们操作的反馈。用更专业一点的话来说，陈述性知识被转化为"感觉运动程序"（sensorimotor procedures），让我们能不假思索地执行动作。如果司机在驾驶时持续思考"我下一步应该怎么做"的过程，那说明他还在学习。人类学家布洛克（Maurice Bloch）说："只有当司机不再以具体的语言思考自己正在做的事情的时候，他们才是真正精于驾驶的专家。"

随着驾龄的增加，一个司机开得多了，懂的也就多了。他们会开始熟悉自己车的特性，并能从发动机的声音中意识到要换挡了。他们能意识到自己什么时候超速，然后下意识地将脚从油门移到了刹车。他们不需要思考便可采取行动，更精确地说，是不需要思考"思考"本身这件事。司机的动作是自动完成的，不只是大脑，身体也具备驾驶车辆的知识。

那么司机是如何考虑路上行人的呢？举个例子，一个司机，正看向前方，前方有一个行人走在马路上。那这个行人是要坐上停在路边的这辆车，还是要过马路呢？十字路口那辆车到底是在停着等我们过去，还是准备启动先开走呢？人们往往不需要太多思考就能够对这些情境做出判断，但是如果让机器建立模型去分析、理解这些情境，难如登天。

开发一个自动驾驶系统并不单单是把动作、步骤和交通规则编进电脑，真正的挑战在于复制人类驾驶的应变能力。这种能力依赖于我们对周围环境中大量信息的处理，并从这些信息中了解发生了哪些事、该如何反应。

人类驾驶汽车的技能和制造自动驾驶汽车的难度凸显了这本书的核心前提：我们的智力不全然来自我们的大脑。智力并不只是大脑"处理"抽象信息或世界表征的产物。智力也不能简单地被编程为一套规则，使我们能以特定的方式思考或执行特定的行动。相反，我们对世界的理解源于身体与世界的交流和对世界的感知——正是这些互动让我们的身体获得了知识。

我们通过身体感知产生并储存在身体中的知识，是很难通过电脑计算来复制的。如果我们可以把开车简化成一套规则和程序，而周遭世界和所有行驶者的行为都是完全可预测的话，那么这个自动驾驶的算法程序写起来会相当容易。但是实际上，我们遇到的所有司机和行人的行为都是不同且无法预测的。更复杂的是，司机每次遇到的情境绝不会与他们之前的经历完全相同。

虽然开车是一件很复杂的事情，但是大多数人只要开始学，最终都会掌握这项技能。可能驾驶得并不是那么熟练，但至少他们知道如何去理解每一种不同的情况，评估什么是重要的，并得出适当的反应方式。他们在做这些事情的时候，甚至不需要思考。

大脑和身体一起，能够帮助我们应对驾驶的复杂性。驾驶就是"具身认知"的一个典型案例，具身认知指的是我们通过感知、体验或行动获得的理解和能力。当我们拥有具身认知时，我们本能地知道应该如何做出反应。这类知识并非存在脑部，而是存在我们身体之中。

通过本书我们将详细了解存在于生活方方面面的具身认知。我们将会一起探索哲学家、神经科学家、认知科学家、机器人学家和人工智能专家为何都认为身体对于形成和保持智力至关重要。具身认知并不产生并存在于我们的心智，而是产生并储存在我们的身体。在我们了解身体是如何获得并应用知识之后，我们就会明白身体并不只是一个承载大脑的装置，它更是我们智力的来源。

## 把关注点放回身体上来

在20世纪的大部分时间里，哲学思想流派中的现象学（Phenomenology）试图将身体置于我们理解世界和感知世界的中心，这鼓励了人类学等学科采用新的方式来理解文化知识是如何被获取和传播的，以及人类的技能是如何被掌握的。蓬勃发展的神经科学，乍一看似乎属于"以大脑为中心"

的阵营，但它也已经证明了大脑和身体之间不可分割的联系。例如，实验表明抽象的概念如果辅以切身的体会将会更容易被理解。近些年来，心理学家和认知科学家，尤其是那些正在探索人工智能可行性的科学家，探讨"具身认知"，认为若要了解心智，就必须在具体的情境下探索其与身体的关系。他们的研究都表明了其实我们用身体思考的频率和用大脑思考的频率一样多。同时，周围的世界是我们理解和思考的"脚手架"这一概念已被广泛接受。我将通过本书带领你探索这背后的理论和科学根基。

在这本书中，我们将会见识到一些把这些理论运用于工作中的人。他们可能是在硅谷把"头脑风暴"变成"身体风暴"以探索高新尖端科技的人，又或是一个搭货车去了解英国和欧盟国家之间贸易的大使。书中我们会遇到在达沃斯世界经济论坛上通过"难民模拟"让人们体验难民流离失所感受的慈善工作者，看到建筑师是如何通过身体体验衰老的过程；在靠近墨西哥边境的加利福尼亚国家公园，我们会遇到企业高管通过一周的沉浸式露营体验，了解目标用户的世界。

在这些培养"具身认知"的故事中，我策划和参与了很多体验项目。在我的咨询生涯中，我越来越相信：不管是决策者，还是跨国企业和其他公司，都应该以身体体验为中心理解世界。我是一个人类学家，曾与不同领域的机构和公司合作，近些年来，我更专注于将我对这些理论的理解付诸实践，并不断地练习，鼓励我的客户用"具身认知"的方式理解世界。

职业使然，相比于大规模的数据库，我更依赖于亲身融入他人世界的体验。在20世纪90年代中期，我在印度北部和当地人住在一起，调研卫星电视对人们家庭生活的影响。有一次大家一起看电视，我体验到了令整个家庭都非常尴尬的气氛：当时电视上正在播放《湖滩使者》

（*Baywatch*），当女主角安德森（Pamela Anderson）穿着她那标志性的红色泳装在沙滩上蹦蹦跳跳的时候，在场的女士纷纷移开视线或起身离开房间，我当时对她们的这种不自在感同身受。这也是我第一次意识到，世界可以通过身体去体验，也可以通过身体来表达。

我作为人类学专家在咨询行业的职业生涯恰好处于人们对大数据日渐沉迷的时代。大数据分析师们依赖于人们在互联网上留下的足迹和行为而产生的数百万个数据点，以及强大的计算能力分析这些数据从而做出决策。支持者认为，大数据能够深入洞察人们生活的方方面面；大企业和决策者们也押下重注，认为这种大数量级的客观性能够让他们更超然、更理性地看待这个世界。然而，相对深奥而冷门的人类学领域在商业中的应用也在蓬勃发展。和大数据相比，人类学家专注于规模非常小的数量级，样本往往是十几个而非百万个案例，他们的工具是自己的身体，以及与他人相处的体验，而非数据池、服务器和计算思维。

显然，两种对立的、不相容的理解世界的方式产生了冲突：一种是用"大脑"思考，拥有庞大的数据量和客观性；另一种是用"心"思考，拥有小而精的样本，表现出主观性。其实两方攻击起来也很容易，但是我相信在我们带着体验理解之后，能够更加善用数据，达到更好的效果。换句话来说，我们应该结合身体和大脑去理解这个世界。虽然我们常常更专注于大脑而忽略了身体，但现在是时候去平衡这两者之间的关系了。

这本书之所以存在，正是因为我坚信仅仅靠数据去理解世界是不够的，我们的身体是理解数据、理解世界的强大工具。我与企业合作的经历启发了我写这本书的思路，因为我看到过许多高管在理解那些报告和抽象的数据时百思不得其解，又因为直接参与他人的世界加深了理解而豁然开朗……深刻的见解来自直接的体验，直接的体验可以帮助我们赋予数据意义，同时让我们相信自己对数据的判断。

## 大脑的世界

如果被问到身体负责思考的部位是哪里，大多数人会指向自己的脑袋。这不难理解，因为几个世纪以来我们都被告知人类是用大脑思考的。我们把聪明的人称作"有脑子的人"，诗歌和艺术也总是在重复着同样的故事：双耳之间的大脑才是最重要的。就像故事中讲的那样，智慧源于大脑，储存于大脑。

智慧源于大脑的观点，可以追溯到 17 世纪的哲学家勒内·笛卡尔（René Descartes），他最著名的论述"我思故我在"（cogito ergo sum），强调了存在（sum）取决于思（cogito）。他认为身体只是帮助大脑承担输入与输出的工作，而且还有可能会误导心智。身体最好的状况是心智的支持者，最差的状况是成为理性思考的阻碍，这种二元论的观点至今仍然在影响着人们的思想。

我们认为电脑与大脑类似，是支持智力源于大脑观点的重要证明。自电脑读卡器问世起，人们就开始了电脑和大脑之间的对比。但实际上，在更早的笛卡尔开始写作的时代，人们就已经认为大脑的结构并非像是液压系统，而是如某种微型的机械般在运转。数学家约翰·冯·诺伊曼（John von Neumann）在 1958 年出版的《计算机与人脑》（*The Computer and the Brain*）一书中，将这种比较进行了更新，列举出大脑与电脑的相似之处，不仅限于构造，同时涵盖二者的运作方式的对比。他声称人类神经系统的运作方式就是初步的"数位"。

一直以来，人们总是将自己的智慧（更具体来说是大脑）类比当代最尖端的科技。例如，1830 年第一台商业电报机面世，人们开始将大脑比喻为电报机；但当可以进行逻辑思考的机器出现后，一个新的比喻出现了：第一台计算机被称为电子大脑（electronic brain）。随着电脑的功能愈加强大，加之人类的优越感，我们还是选择将大脑和电脑进行对比。

虽然这种比较很吸引人，但大脑和计算机其实没有那么相似。大脑并不会像计算机那样运行：大脑不依靠算法运行，不具有物理内存，大脑储存、提取信息的方式与我们通常认为的不同。电脑是进行运算的机器，它将输入的信息转换为抽象的符号，按照特定程式的规则运作。认知科学家安迪·克拉克（Andy Clark）将电脑称为"无实体的逻辑推理设备"。新型的电脑系统，尤其是那些为应用于人工智能设计的系统，其结构模仿大脑神经运作。但是大脑和电脑在很大程度上存在着根本的不同。

当你拍了一张食物的照片并把它上传至社交平台时，对于电脑来说，这张照片可能就是三百万个0和1按照独特的序列展示。电脑闻不到食物的味道，也不会有想要享用它的体验，它无法理解食物对于我们的意义。电脑的智力依赖于对抽象符号的操作，对于它们来说，盘中的食物就只是一串0和1的序列而已。

相比之下，人类和盘中食物的互动则丰富得多。我们可以用感官品尝，食物的味道或许会触发我们难忘的记忆、情感和联想。人类可以享用食物并赋予它意义，还可以与他人交流分享食物。我们对于食物的思考不仅仅是原始的认知，它是我们关于食物的体验以及我们从体验中获得意义的集合。

西方的思想倾向于弱化身体的作用，强化将大脑塑造为逻辑推理的机器。即使在智慧运作方面将人类大脑和电脑进行对比有一定的合理性（其实并没有），这样的论点也代表了人类智慧是大脑的专有特性。或许这样做感觉会有些奇怪，但我们需要对这种公认的看法发起挑战了。

当前社会对人工智能的迷恋反映了一个现象，即人们认为只要利用服务器来运算，就可以再现甚至超越人类的智力。初创公司基于智力只存在于人类大脑而不存在域身体的这个想法产生合乎逻辑但滑稽的结论。比如初创公司Nectome最近开始提供将大脑上传至云端的服务。这种想法在硅谷理想家和超人类主义者中也持续了很久，例如雷·库兹韦尔（Ray Kurzweil）就曾想象人类大脑与身体分隔，在电脑模拟器中单独运作。他们的假设是，智慧由大脑形成，可以与身体隔绝。

我们不应该再忽略身体在知识获取中所扮演的角色了。我们需要探索大脑与身体是如何联合从而创造了人类独一无二的智慧。同时，我们还需要探索如果没有身体，智力是否还会存在。接下来我们将会一起探索这两个问题，并证明智慧不只存在于大脑，同时也存在于身体。

## 看门人

2016年，谷歌的深脑团队（DeepMind）宣布，算法和人工智能已经帮助他们的一个大型数据中心减少了40%的冷却开销。这个团队拥有世界上最优秀的机器学习专家，成员曾参与发明的阿尔法围棋（AlphaGo）系统因打败了职业围棋选手李世石（Lee Sedol）而声名大振。这次团队运用神经网络，预测未来的温度和能源使用的状况。

数据中心往往会选址在一些凉快、潮湿的地方，例如美国的太平洋西北地区。在俄勒冈州的一个高中的地下室，微处理器巨头英特尔公司的团队了解到这么一个故事。这个学校有一个看门人，负责管理学校通风系统的各种电动、气动和机械设备。和其他学校的看门人一样，这位看门人在学校工作了十几年，对学校的每一个角落都了如指掌——为什么有些窗户不需要关，哪些暖气片需要频繁地放水，哪几个水龙头容易漏水等。然而，改变发生了。

2006年，俄勒冈州波特兰市给当地的将近80个公立学校都装上了高科技系统，管理人员只需坐在办公桌前就可以了解到各个设备的情况。使用这项新技术就是为了能够提高能源利用率和控制开销。装设传感器后，管理员可以得到每个学校的所有数据和报告，控制每个学校的系统。看门人是个友善的人，他的职责远不局限在管理供热系统，但是温度传感器和能源监控器取代了他的工作，最后他受不了自己无足轻重的地位，于是选择退休。

不管是谷歌的数据中心还是学校，都尝试用电脑来监控和掌握设备。对于谷歌来说，他们实现了降低能源使用和行政支出的目标，但学校的花销反而变多了。和谷歌尖端数据中心的环境不同，学生们总是会忘记关窗，或乱调恒温器的温度，摆弄老旧的漏水管线。所以说，看门人这个职位其实很难被取代，因为他掌握了如何管理这类特殊建筑的所有知识。

比起谷歌的服务器农场，我们生活的世界更像是俄勒冈州的这个校园。因为生活不是一切都按部就班、井然有序的，它是在时刻变化的，这些变化无法让二进制的0和1与其一一对应。然而，越来越多的人相信，只要收集到足够多的数据，就可以建立起有关世界的精确的模型。我们在机场安检或者是在便利店购物的时候，经常被要求按5分满分对服务进行评价，商业中也更看重大数据以及数据给出的模型和预测；在家的时候，智能家居在测算我们生活的方方面面，不管是睡眠情况、每日走的步数还是社会关系，它们都会给出客观的数据报告；算法告诉我们应该和谁在约会软件上聊天、给我们推送"可能会喜欢的歌曲"和它认为我们需要购买的商品……

1973年，美国社会学家丹尼尔·贝尔（Daniel Bell）普及了"后工业社会"的概念，并预测"智能科技"会随着信息及电脑科技的发展而兴起。贝尔期待的是一种新的思考模式，人们理解和思考世界的方式将会与计算逻辑相对应，并由计算逻辑支持。他认为，社会的特征将会由数据来描绘，决策都会以数据为支撑。贝尔的预测现在看来很有先见之明。电脑运算不仅为我们提供了处理和分析世界的能力，更提供了一个似乎能够帮助我们勾画、复制、理解世界的智力框架。

俄勒冈州学校看门人的故事展示了两种不同的知识形态。一种是由分布在建筑物中的一系列传感器以及对它们产生的数据进行分析而产生的；另一种是把学校大楼当作一个生命体，通过日积月累的了解、体验和理解每一个细节而产生的。谷歌之所以可以靠人工智能给数据中心降低电费开销，是因为数据中心是为了特定目的而设计的，但波特兰的学校用了类似的技术（也可能是稍逊的技术）却失败了，原因是学校的建筑年久失修，充满变数且无法预测。看门人对建筑物的具身认知帮助他很好地管理学校，使一切都可以顺利运行。在每次调试供暖或制冷设备后，他都会用身体去感受温度、理解冷暖、理解环境的变化。因为有通过亲身经历理解设备运作机制的体验，所以他知道把设备的旋钮扭到什么程度会出现什么效果。看门人对学校的了解远超新的传感器，这也使他在这项工作中具备了不可替代的价值。

### 知识"体"系

为了突出数据控制的学校系统和看门人的不同之处，我们可以跟随哲学家肖恩·加拉格尔（Shaun Gallagher），将"缸中之脑"和"有心跳的血肉之躯"进行比较。加拉格尔是著作《身体如何塑造心灵》（*How the Body Shapes the Mind*）的作者，他试图对大脑的两种思考方式做一个区分。

其中一个思考方式的观点是，大脑中的850亿个神经细胞和150兆个连接只是一个脱离肉体的计算机器，在和世界毫无关联的情况下嗡嗡作响。即缸中之脑只是一个与世隔绝的强大器官，无法与外界环境互动。

第二种观点则认为，人类的大脑存在于身体中。身体有跳动的心脏，让身体在各处移动的腿，以及可以操纵世界的手臂和手。不仅如此，身体还有体验世界的感受能力。看门人正是这样的代表，他可以用他的感觉来理解学校的建筑，并依靠所积累的理解来管理建筑。说他的智力是具身的，是在陈述一个明显的生理事实：大脑是身体的一部分。如果说思想从大脑中产生，那其实就是从肩膀之上的脑袋里产生。身体的感官帮助我们嗅闻、品尝、感受、倾听我们周围的世界，所以大脑和身体协同起来可以帮助我们理解世界。试想一下，如果缺少感官和身体的体验，那大脑中还会存在智力吗？还会获得什么信息？又能发挥怎样的用途？这些都是肖恩·加拉格尔在谈到缸中之脑时的思考。

如果我们认同身体是智力不可或缺的一部分，那么或许可以思考一下，身体是否也塑造了我们的思考方式，即智力包含身体的维度。例如，大家普遍认为微笑是因为开心而产生的面部表情，就好像我们会普遍认为我们因为害怕而发抖。但是，有证据证明，是因为微笑我们才开心，因为身体在发抖所以我们才感到害怕。如果身体的动作和感觉塑造了我们的感受，它们也揭示了我们记忆知识的内容和方式。随着时间的推移，通过经历和反复的行动，我们获得了知识，而大部分知识都都存在于我们的身体中：它成为具身认知。

人人都有具身认知，并且我们每天都在运用它。例如，你是否曾站在取款机前却记不起密码，但用手指在空气中准备按下数字的时候，却发现自己可以记起来了？你能否不看菜谱，也不需要太多思考就做出拿手的美味料理？你是否能够判断人群中弥漫的情绪或感受到房间里的气氛？你是否在面临一个艰难的抉择时说"我的直觉告诉我……"？如果上述的问题中你有一个回答是肯定的，那是因为你拥有身体。你的大脑并不是禁锢在缸中的神经元的集合，你的大脑连接着可以触摸的、可以移动的、有多种感官的身体，可以在世界中随意游走和体验。如果你的大脑没有连接身体，那么你就不会有任何的智力、记忆、知识学习的能力，或是感受。

我们倾向于将智力归功于肩膀以上，而非肩膀之下。本书的书名《身体学习法》，意味着当身体理解了周围的环境，并知道该如何反应时，便可以在没有大脑指令的情况下做出潜意识的行为。"不思考的力量"让我们意识到，对于世界本能的体验是我们理解世界的核心，并不总是需要大脑意识的干预。在这个认为数据就是一切、人工智能就是未来的时代，具身认知提醒我们智慧必须依赖身体对世界的理解。

但是需要注意的是，本书也不是让大家忽视大脑，或者是简单地把对大脑的迷恋转移到身体上来。相反，本书是想要重新梳理大家对智力来源以及智力存在于哪的认知。我希望大家能够重新关注身体的重要性，关注到身体对于人类的重要意义。

本书首先探索了"以大脑为先的知识"的局限性，及随之而来的被限制的世界观。之后，我们会探索理解智力的另一个起点：身体。你将会和我一起认识到为什么我们应该相信我们的身体，相信身体的感受和知识。

在本书的第一部分，我们将探索心智如何成为知识的主流。我们将了解首次将大脑和身体分隔开的哲学思想，理解为什么大脑会被认为是理性和智慧的所在地。我们将探讨这个观点如何显现在现代社会的"智能技术"中——一种鼓励超脱、分离和理性高于感受的思维方式。我们还会了解这种观点是如何借助全球定位系统、大数据及教育等关键技术得到表达的，所有的这些都决定了我们会如何体验和理解世界。最后，我将会概述这类心智优先的观点带来的后果。

第二部分将解释身体如何在知识学习中发挥核心作用，并将探索身体学习的五个维度：

◆ **观察**：我们通过沉浸体验和模仿来获得知识。

◆ **练习**：身体通过重复演练习得技能。

◆ **即兴**：通过身体学习的知识和技能具有很强的实用性，能够帮助我们应对不熟悉的情境。

◆ **同理心**：我们通过身体了解了他人的意图、情绪和感受。

◆ **记忆力**：我们的身体可以保存和回忆知识。

第三部分展示了具身认知在商业、政治与政策、设计以及人工智能与机器人领域的应用。在这部分我们将会看到，当企业和管理团队不再通过大数据，而是通过亲身体验获取知识时，他们收获了蓬勃的发展；我们会了解政策制定者们是如何用具身认知理解民粹主义，及难民危机等全球性议题的；在"具身创意与设计"一章中，我们会了解到具身认知在设计中的意义，了解每天使用的产品和体验是如何定义我们的世界的；最后，我们还会看到具身认知如何影响人工智能和机器人的发展进程。

## 身体与感觉

在生活的多个领域，我们都倾向于相信数据，忽视体验、本能和直觉，总认为后者只是自己的"感觉"，而前者才是不可辩驳的客观事实。

我们被引导着认为那些"可计算"的知识会比自己的体验更可靠、更可信、更不会欺骗我们。因此，我们会试图控制自己的感官、情绪和感受。

电脑运算的兴起加深了这一趋势。不幸的是，当人工智能的话题占据着头版头条时，我们对人类智力特别之处的信心日益减弱。我们与逐渐定义我们生活的人工智能的不同之处就在于具身认知——这是我们的竞争优势。

我希望在读完这本书之后，你能理解什么是具身认知，意识到原来我们生活的方方面面都在运用具身认知。我并不是在说具身认知是灵丹妙药——在对抗大数据、冷酷的理性主义和还原论的解药。但是我希望通过描述具身认知的概念、解释它在生活中的运用，我们能学习去相信通过身体体验而掌握的知识。

如果要将这本书的核心总结为一则实用的信息，那就是我们应该更注重身体在我们理解世界的过程中扮演的角色。这意味着我们更需要"撸起袖子"，以"在实践中学习"的方式理解世界，而不是仅依靠理性的逻辑，超然地看待世界。

我们越积极地运用具身认知，就越能够从容地应对生活中的不确定性，就越能够基于对世界的理解做出更好的决定。是时候意识到我们的认知、思考和感受来源于大脑、身体、环境和体验之间的互动。我们应该掌握并利用具身认知给我们带来的优势，并为自己生而为人而感到欢欣。

# PART ONE

第一部分

## 心智优先

CHAPTER 1 | 第一章

# 笛卡尔的机械女儿

似乎计算机的设计目的，是让我们变得更像计算机。

——布莱恩·克里斯汀（Brian Christian）

在波涛汹涌的海面上，一艘船正从荷兰驶向瑞典，船长有了一个新的发现，他在一个小屋里看到了一个栩栩如生的人偶。船长认为这是他和船员们此次遭遇风浪的原因，于是指示船员将人偶娃娃丢到海里。传说中，这个人偶归当时船上的乘客——17世纪哲学家笛卡尔所有。

虽然这个故事只短暂地在1699年出版的书中一闪而过，但在笛卡尔去世的40年后，故事又一直流传了几个世纪。虽然故事的细节在每个人讲述的过程中都会有些许的变化，但故事的开端是一个无可争辩的事实。笛卡尔当时住在阿姆斯特丹一家书店店主的家中，与一名女仆生了一个女儿芙朗辛（Francine）。芙朗辛1640年因感染猩红热离世，笛卡尔后来乘船前往瑞典，在当地罹患肺炎而去世。

在这些确定的基础事实之上，每个人讲述的版本都给这个故事带来新的生命。在有些版本里，人偶是玻璃做的，其他版本则是木头做的。有些版本提到人偶能说话，还有一些版本说这个人偶会动。其中一个版本描述道："船长在一个箱子里发现了一个美丽的金发机械人偶，认定这一定是某种巫术，直接将人偶扔下了船。"虽然笛卡尔的女儿芙朗辛英年早逝是事实，但没有任何证据说明笛卡尔制造过传说中的机械人偶，也没有证据表明这一传说的机械人偶当时在这艘开往瑞典的船上。

在这个历史时期，像传说中的机械人偶很常见。当时机械装置和玩具是非常时髦的。在17或18世纪的欧洲，装饰和机械钟表频繁地出现在教堂和园林中。解剖学、天文模型、水钟和好玩的机械动物模型在上流知识分子和富裕阶层中风靡。人们认为笛卡尔曾设计过一个跳舞的机械人和一个可以追逐野鸡和飞鸽的机械猎犬，但事实上他完全没有设计或制造过。这些机械非常有趣，也给房子和花园带来了生机。它们不仅是富人沙龙或是避暑别墅中的玩具，也体现了当时人们的机械思维。

在17世纪的欧洲，人们对于宇宙运行和人体运作的认知很大程度上被机械设备的运作方式引导。人们会用机械运作的原理去解释宇宙和行星的运行，认为宇宙和身体都像是机械钟表一样被上了发条。这些机械设备之所以会动，都是因为受到外力的驱使，例如花园的装饰品靠水力的推动，机械动物能够运动是上了发条的缘故。

当时的解剖学和哲学思想认为，即便是自然中的形体也唯有在受到某种外力驱动时才会运动。人体之所以能够自主运动，是因为灵魂指挥心智，心智进而操控身体。笛卡尔在其著作《论人类》（*Treatise of Man*）中写道：

　　我希望你能意识到，这些能力（包括热情、记忆和想象力）是依靠器官的运作，就像钟表或其他机械遵循砝码和齿轮的运转一样自然。

笛卡尔追寻的是非神秘主义的、依赖机械学的解释。他将身体与机械做比较。在他看来，人类的行为和机械都是由智慧操控的。

## "我思故我在"

笛卡尔认为，人类由两部分"实体"构成。一种是非物质的、积极主动思考的灵魂或心智，另一种则是具有物质性的、没有思考的、被动的身体。他主张正是心智赋予了机械毫无生气的身体以活力，心智是智慧的源泉。身体是无生命的血肉和骨头的组合而已，没有自己的智慧，只能按照心智的指示行动，就像那些机械人偶只能在主人转动发条后运作一样。

有关心智和身体的区别即身心二元论（Cartesian dualism）的讨论持续了几个世纪。基督信仰中有一个重要的观点，就是身体和灵魂不同，不朽的灵魂能超越腐败的身体。"机械中的幽灵"这一描述是和二元论有关。它原是哲学术语，如今出现于科幻小说中，指的是意识或灵魂被困于身体之中，引申来说即心理和身体活动能同时发生，亦可以彼此独立。这种灵魂和身体以两种不同的角色切换的人物设定也经常出现在文学作品中，例如皮诺曹（Pinocchio）、电影《神气活现》（*Mannequin*）。

然而，笛卡尔对心智和身体的观点，不仅局限于二者是独立的、可区别的两种"实体"，更关注心智和身体在我们理解世界的过程中所扮演的角色。在笛卡尔《第一哲学沉思集》（*Meditations on Frist Philosophy*）的第二个沉思中，他提出感知和思考与我们的身体没有任何联系，并完全否定了身体作为知识来源的可能性。笛卡尔承认心智和身体之间是有互动的，但身体的感知会欺骗我们。他举了一个例子：从地平线上看圆塔时，你或许会看到一个方形的轮廓，虽然我们知道圆塔其实是圆形的，但眼睛在欺骗我们。所以，笛卡尔认为，只有借助数学和几何，我们才能了解事实的真相。他强调，因为我们是运用心智而不是用身体进行数学运算，所以我们需要信任我们的大脑，因为它能让我们获得对世界的精准理解。

⚡⚡⚡

　　笛卡尔的确有一个女儿，但是没有证据表明他有一个机械版的女儿。当这个传奇的故事在1699年第一次被报道的时候，它"仅仅是一个意义清晰的两句话故事，一个可能是虚构的关于笛卡尔的故事，试图用机器替代他的女儿芙朗辛，抹去芙朗辛的存在"。换句话说，这个故事就是用来挽回笛卡尔的名声，引开批评，因为在当时有私生子是一个很大的丑闻。后来这个故事出现了许多不同的诠释，一种说法是人偶帮助笛卡尔缓解失去女儿的悲伤。在1791年出版的《文学的好奇心》（*Curiosities of Literature*）中，作者艾萨克·迪斯雷利（Isaac Disraeli），也就是后来英国首相本杰明的父亲，抓住"笛卡尔的木头女儿"这一要点，提出哲学家笛卡尔是想用人偶来表明"野兽没有灵魂，它们只是机器"的观点。

　　这个故事已经成为一个富有哲理的寓言，故事的意义随着每一次的重述而演变，每一次新的叙述又都反映着观众的关注点和偏见。多年来，笛卡尔的机械人偶一直都被描绘成一个美丽的褐发女孩，就像2014年上映的电影《机械姬》（*Ex Machina*）中的艾娃（Ava）一样，为大家对机器人的想象提供原型。但是，大家对这个故事的关心也带来了其他的问题。近年来，随着人工智能的出现以及生物技术与数字技术的融合，关于"笛卡尔人偶女儿"故事的讨论也增加了很多实际的、道德的和社会性议题。像是《银翼杀手》（*Blade Runner*）、《终结者》（*The Terminator*）和《她》（*Her*）这样的电影都探讨了机器的感知问题和身体与大脑之间的关系。在《银翼杀手》里，哈里逊·福特（Harrison Ford）饰演的银翼杀手瑞克·戴克（Rick Deckard），任务是评估复制人是否该被杀死，或是"被退休"。戴克利用一套同理心测验来帮助判断：如果目标对象愿意在炙热的阳光下，拯救一只受困的陆龟，代表目标对象具备情感体验，而这是人类与机器人的区别所在。

笛卡尔著名的"我思故我在"，可谓西方哲学最著名的名言之一，它明确地表达了大脑和身体之间的不同之处。"我思故我在"的意思是，我们能够思考，因而我们能确定自己的存在。因为这样的想法，思考就变成了我们与其他动物最大的区别所在。思想带来知识，在这个笛卡尔的基本观点之后，又有三个观点，它们都深刻地影响了那些认为身体在知识中的作用是次要的理论。

第一个观点认为，我们的身体构造虽然复杂，但是基本上不会比笛卡尔时代的机械玩具更智能。这个观点认为，人类的身体依赖心智的指导和控制——就像机械玩具需要上发条一样。所以，身体需要心智的指引。身体对于人类智慧没有做出贡献，它只是承载心智的工具。

第二个观点认为，在心智与身体的二元论中，身体在获取知识方面发挥的作用应该受到限制，因为我们的身体感官会收到错误的信息，误导我们的判断。笛卡尔认为，只有把身体感知放到一边，运用我们的心智时，才能获得可靠的知识。这一观点导致了往后的几个世纪人们对于身体作为智慧的来源的不信任。

第三个观点认为，笛卡尔对于心智和身体的区分，意味着存在于身体中的心智独立于身体而存在。大脑在身体顶端的位置就赋予了它一个客观有利的地位，我们应该通过心智来观察和理解世界。正如社会学家威廉·戴维斯（William Davies）所说，笛卡尔将心智视作"一个观景台，从这个观景台上我们可以审视和评判这个世界"。在笛卡尔看来，心智帮助我们获得对世界的准确理解。

总的来看，这三个观点都强硬地将心智和身体区分开了。心智优于身体，是知识和真理的源泉，而身体最多只是运输工具，而最糟糕的情况是，有时感官甚至会给我们传递错误的信息。

## 笛卡尔对后世的影响

在笛卡尔生活的时代，出现了像伽利略这样伟大的科学家，使人们转变原有的认知，重新思考自己在宇宙中的位置，笛卡尔也在这场认知的转变中扮演重要的角色。他的工作不仅涉及解剖学、数学和几何学，还涉及科学的理论与实践。他试图将自己的知识建立在经验和实验之上。对他来说，理性是发展知识的基础，这一立场也使他致力于使科学成为严谨的数据收集和分析的过程。这种新的科学方法是启蒙运动的核心，严谨的科学、政治和哲学论述也是18世纪欧洲社会的重要特征。

后世将这个充满探索、发明和科技飞跃的时期称为"理性时代"。它见证了人们对知识的看法以及思考方式的转变。同时，这个时代还见证了科学研究方法的蓬勃发展，方法以获得客观知识为目标，过程通过证伪来实现。启蒙运动所推动产生的科学方法、思想和发明为开创"高科技、数学、物理、计算机、机器人以及分子生物和基因工程"的现代社会奠定了基础。结果就像理查德·威尔森（Richard Wilson）所描述的"以笛卡尔的身心二元论为根基的世界"。

这个理性的时代证实心智是获得知识的重要途径。在笛卡尔的哲学中，他不只是降低身体在知识获取中的作用，还积极地提醒大家要警惕身体感官带给我们的误导。他认为，理性和确定性来自身体的抽离，以及个体对感官的控制。笛卡尔是一位数学天才，所以会自然地选择用模型来描述世界。这样就可以用新的方式看这个世界，通过新的再现形式，世界可以被掌控、利用和支配。

这就是为什么笛卡尔的身心二元论非常重要，它不仅仅是一个来自17世纪的深奥思想。他的身心分界理论，以及心智与身体在理解世界的过程中扮演不同角色的观点对后世有着深远影响。我们生活在了一个神话大脑的世界，"以大脑为中心"，去谈论智力是再普通不过的一件事情——当我们认为思维需要提升时，我们会向别人请教，在英文中向某人请教被表述为pick someone's brain；当我们想要引用别人的观点时，英文也会用the brains behind things来表述。正如科学作家乔治·扎卡达基斯（George Zarkadakis）所说，我们正生活在"大脑的世纪"。只要去细想一下神经科学的兴起，以及我们对核磁共振脑扫描技术及其在非临床领域（如市场营销）应用的痴迷，就不难发现我们已经将智慧来自大脑视为主流观点。

笛卡尔影响后世的另一个方面是知识的获取被理解成数据的收集和大脑的处理的过程。所以，大家会认为理解世界就是去收集信息、处理信息、计算和分析信息。这种观点默认智慧包含了两个方面，一方面是心智表征（命题、图像、事实或数学符号），另一方面是处理这些表征的理性过程。这一观点深刻地影响着后世对知识的理解，人们尝试用机械的方式再现大脑的认知过程。

## 自动化思考

笛卡尔的思想深受当时时代的影响，但笛卡尔并不是唯一对人类和宇宙运行有新想法的思想家。与他同时代的法国人布莱斯·帕斯卡（Blaise Pascal）是一位数学家、物理学家、发明家和神学家，他在十几岁时就开始帮助他作为税务监督员的父亲制造可以计算的机器。在试验了超过50台原型机后，他完善了他的第一台"滚轮式加法器"，也就是著名的帕斯卡计算器（Pascaline）。这台计算器能够进行两位数的加减法，以及完成乘除法的运算。1649年，国王路易十四授予帕斯卡皇家特权（类似于专利），批准他拥有设计和制造此类机器的专有权。20多年后，德国数学家哥特弗莱德·莱布尼茨（Gottfried Leibniz）制造了一台与帕斯卡计算器类似的计算器，但尚不清楚他是否见过帕斯卡的计算器。这是世界上最早的机械计算器，虽然在中国最早出现了用于计算的工具，但并非机械。

在18世纪，众多数学家、哲学家和科学家都致力于开发和改进计算器，但真正的突破出现在1822年，英国数学家查尔斯·巴贝奇（Charles Babbage）发明了差分机。这个设备与之前的机器不同，它可以在计算中使用先前计算的结果，机械运算的复杂度达到了更高的水平。12年后，巴贝奇开始设计分析机，该机器可以使用打孔卡读取数据。分析机是20世纪初占据房间大小的大型计算机的蓝图，并进一步推动了现代计算机的诞生。

然而，真正意识到了这类机器的潜力的是诗人拜伦勋爵（Lord Byron）的女儿埃达·洛夫莱斯（Ada Lovelace），她与巴贝奇建立了密切的工作关系，巴贝奇称她为"数字女神"。她有两个突破性观点，引发了思考可以自动化的想法。她的第一个观点是巴贝奇的分析机"或许可以用来处理数字之外的事物，如果能用适当的符号表达一个问题，那么我们就可以用机器解决这个问题。正如计算机史专家多伦·斯瓦德（Doron Swade）所言：

> 埃达看到的是，数字不仅可以代表数量，还可以代表一个实体。所以，一旦你有了可以处理数字的机器，而数字又能够代表字母或音符等其他事物，那么这个机器就可以按照规则处理众多符号，数字只是其中的一部分。这是机器由计算"处理数字"到运算"处理符号"进入通用计算的重大转变。

埃达的第二个贡献是，她认为计算机可以像大脑一样，超出其程序设定的范畴。她写道，假设和声和作曲的科学可以通过某种数学形式表达，那么"机器可能就可以创作出任何复杂精致的音乐作品"。在一篇文章中，她向未来的数学家和计算机科学家发起挑战，希望他们能创造出有思考力，能够自行作曲或具备其他创造性行为能力的心智。

埃达可以说是最早的计算机科学家，每年为科学、技术、工程和数学领域杰出女性颁发的洛芙莱斯奖即以她的名字命名。埃达站在众多引领自动化思考与推理发展的发明家和思想家的行列的顶点。发明的潮流从机械鸭子、传说中的人偶女儿，到得益于巴贝奇和埃达的贡献诞生的大型主机电脑、大数据和人工智能。所有这些创新都基于心智和身体相区隔，及智慧储存于心智或"类心智"的存在中。

这一切都起源于我们认为心智的运作是处理抽象的表征。按照这样的逻辑，重制这一过程并将其机械化，就可以创造出机械智慧。随着机器和计算机功能的提升，机械智慧不仅会比人类智慧速度更快、能力更强大，甚至智慧本身的概念范围也会得到扩展。信息时代遵循的就是这样的逻辑，从而不断激励着计算机科学家和人工智能研究者。

从早期的机械计算器，到现在我们相信机器可以自行"思考"，或产生与人类智慧程度相当的机械智慧即通用人工智能，都是建立在智慧来源于心智、运作的方式即是单纯地处理信息的理论之上。由此观之，身体只是心智所在之处，对于高阶的智慧形式毫无重要性可言，身体因而被忽视并被看作次要的存在。

然而，本书将质疑这样的想法。我们的身体并非如早期现代哲学家所认为的只是由心智操控的无生命体，而是具有更深远的影响。至少，身体和心智扮演同样重要的角色，都在智力及知识获取的过程中发挥着核心的作用。在下一章，我们将更详细地探索心智计算理论，看看这一理论如何塑造了我们的日常体验，影响商业甚至国家的运作，但却未必总会带来好的结果。

CHAPTER 2 | 第二章

# 丈量世界

对我们来说，地图比陆地更真实。

——大卫·赫伯特·劳伦斯（D. H. Lawrence）

## 为世界绘制地图

德国小说家丹尼尔·凯曼（Daniel Kehlmann）在2005年的畅销书《丈量世界》（*Measuring the World*）中讲述了科学与数学研究界两个传奇人物的故事。卡尔·弗里德里希·高斯（Carl Friedrich Gauss）是一个数学家、物理学家，亚历山大·冯·洪堡（Alexander von Humboldt）则是一个有着丰富人生阅历的博学家。洪堡出生于普鲁士的一个小贵族家庭，青年时期就已经开始在科学期刊上发表文章。对他来说，家就像是一个"无聊之城"，宅在家里就是一个挑战。洪堡天资极高，只花了8个月的时间就学完了3年的矿业课程，并成为一名矿山勘探员，还在外交使团中承担额外的职责。因为母亲在他20岁的时候去世，留给了他一笔遗产，他得以在1799年至1804年间与法国植物学家埃梅·邦普兰（Aimé Bonpland）一起去南美洲探险。

洪堡被称作地球上最后一个什么都懂的人。他乘坐装满科学仪器和动物笼子的40英尺长的船沿着奥里诺科河逆流而上，攀登山峰或潜入火山，测量了能够测量得到的一切角度、高度、压力、流量、距离和温度。他相信一个有序的宇宙能够被精确地绘制出来。而洪堡科学（Humboldt science）指的就是使用仪器对相关联的现象进行仔细测量的科学方法。在他看来，数据是所有科学理解的基础，将虚构与现实区隔。在许多方面，洪堡都是理性时代的代表。

身为一位地理学家，同时也是自然学家、冒险家，洪堡有许多发现。他注意到了地球磁场的强度会随着向赤道移动而减弱，并且有许多物种（包括洪堡企鹅）、洋流、冰川、河流和山脉都是以他的名字命名的。他对地图的贡献也十分巨大，尤其是对新西班牙总督辖区（New Spain），即西班牙在美洲南部和中部领土地图的绘制做出了巨大的贡献。洪堡花费时间对当地的原住民人口和殖民人口进行普查，并绘制出他们的贸易模式。

着迷于绘制地图的洪堡同时也是笛卡尔的追随者，因为笛卡尔发明了坐标系——让人们可以通过客观的数字系统认识这个世界。这个系统是现代世界的基础，从像洪堡一样的科学家和探险家的贡献，到现在你裤子口袋里智能手机上的谷歌地图，都依赖于坐标系统。

笛卡尔平常都起得比较晚，有一天早上他躺在床上，对房间里的一只苍蝇产生了兴趣。在思考如何记录苍蝇的飞行路线时，笛卡尔突然意识到，如果用"L"形状的两条垂直的轴表示房间的形状，以房间的一个角落为固定的参考点，那么图上的任意一点都可以用数字表示，代表苍蝇飞行的高低和距离。一组数字就可以标记苍蝇的位置，一组序列可以描述苍蝇在房间里的移动轨迹。1637年，笛卡尔将坐标的概念和其他新发现一起发表在了《几何学》上，使那些难以实际构造或无法轻易想象的事物首次可以通过数字的方式表达，笛卡尔坐标系（Cartesian）或坐标几何（coordinate geometry）由此确立，此后视觉和空间世界能够以一种易于交流的方式绘制出来。如今，借助数学，整个世界能够被描绘出来了。

因此，加拿大的一家物流软件公司以笛卡尔（Descartes）作为公司名也就不足为奇。这家公司就是用坐标系去定位货物以维持商店货架库存并确保工厂得到他们需要的配件，从而维持供应链"即时"平衡。还有许多日常不可或缺但是我们看不见的系统依赖于由31颗卫星组成的全球定位系统网络。该系统可以以米为单位描述距离。这项技术可以跟踪例如水果从农场到商店的路途，并可以优化送货车辆的路线，以确保配送的高效与及时。这一切都归功于笛卡尔结合几何和代数，创造出坐标系。

全球定位系统最初由美国军方开发，直到20世纪90年代开始用于平民领域，如今已广泛应用于日常科技。定位系统可以用来追踪车流，支持卫星电话的运作，可以给照片等数字文件做地理位置标记，支持需要定位的手机游戏。但最常见的定位系统应用还是我们日常使用的导航系统，从车载卫星导航到手机上的地图导航应用，都在帮助我们在城市中穿梭，告诉我们从A到B的最佳路线。

如今游走在城市中，你会发现大家都在盯着自己的手机屏幕，时不时抬头看路以防止自己走错。我们甚至都忘记了没有智能手机之前我们是如何拿着地图找寻路线的，又是怎么安排和朋友们见面的。现在我们可以只达成一个模糊的约定，细节的部分实时安排就好了。开车的旅程也同样被改变了：我们依赖于让导航告诉我们准确的预计到达时间、前方路段交通状况、推荐的新路线，以及是否有测速摄像头。

## 我们正在无视这个世界

有许多人跟着导航开车，却掉进河里，此类故事总让我们认为使用者过度依赖全球定位系统。然而，研究发现导航确实会"削弱驾驶员需要付出的注意力"。康奈尔大学的一项研究表明，这些免费的导航产品和提供地理定位的系统让我们不需要在驾驶过程中思考自己的方位，因此开车所需要的技术和注意力要求相对减少。但是我们越沉浸于卫星导航显示的虚拟数字世界中，依靠仪表盘上显示的信息了解周围环境，那么我们与这个真实世界的互动就会越少。

与真实世界的互动变少，盲目地听从导航的指示的结果就是我们对周围环境景致的了解也日渐减少，我们不需要关注导航屏幕以外的事物，也不需要记住可能会对我们定位有很大帮助的地标或街道，我们对于周围环境的理解越来越空洞。

除了通过卫星导航了解周围环境，有些人仍选择通过一遍一遍地置身于街道，以及不断叠加生活经验获得具身认知来认识世界。这两种认识方式的冲突清晰地体现在卫星导航系统依赖者和掌握具身认知的伦敦"黑色出租车"司机身上。在伦敦，持证营业的"黑色出租车"司机需要先通过一场"知识"考试，才能够驾驶标志性的黑色出租车。他们需要向考官演示出以查令十字街为圆心、6英里为半径的伦敦中心区域任意两个地点或地标之间的最短路线，这个考试环节也被称作"演示考试"。

司机通过"知识"考试，通常被认为拥有极佳的记忆力。研究表明，伦敦出租车司机脑部负责处理空间和导航信息的海马体会变大。想要成为"黑色出租车"司机需要花费3年时间，骑着自行车练习考官可能从320条路线中问到的路线，平均每年骑行超过6万英里。考试过程中十分重要的一环"指向"，即通过注意街道上的企业、建筑物上的牌匾、新出现的街区和公寓、历史遗迹去感知伦敦的街道。司机不仅要记住街道的名字，也需要一遍遍地熟悉街道上大大小小的地标。他们骑着自行车利用各种感官学习，尽量多地吸收所有细节，以便于在演示考试时能够回忆起更多的信息。

众所周知，伦敦的出租车司机对导航不屑一顾，甚至非常反对伴随导航系统而生的优步（Uber）等网络约车服务。不仅仅是因为优步司机降价竞争，更是因为出租车司机认为优步司机完全就不了解伦敦的街道和交通状况。出租车司机和导航系统之间的对决也常常被看作传统和现代的对决，或者是既得利益者与大众化科技之争。虽然有些出租车司机车里的屏幕上也有导航，但他们仍坚信自己掌握的有关伦敦街道的知识是独一无二的。他们并不沉浸于导航系统所构造出的抽象的空间，也不需要像其他导航用户那样依赖系统的指挥，而是能够通过感知车辆行驶中的节奏和车流的密度，调整行驶路线。他们甚至宣称可以在其他人车上的导航系统更新之前发现前方有道路施工的情况。而且，因为不需要专注在仪表盘或导航界面的小屏幕上，出租车司机可以一边开车一边和乘客聊天、打趣，讲讲他们的见闻。

为全球定位系统和其他许多电子设备贴上"去身体化"的标签并不是否定其存在的意义，而是在强调它们拥有的这一特性。全球定位系统最大的优势是在空间和时间定位方面的准确性，但是它无法传达人类与世界联系的亲密感觉，因为这对于科技来说确实是一个难题。当你在谷歌地图上搜寻一个餐厅时，你可以得到许多真实的信息：地址、营业时间、电话号码，甚至是用餐评价。最近谷歌还上线了一个功能，根据在建筑物内侦测到的智能手机数量来标注搜索地点的繁忙程度，这一功能虽然很实用，但却很少告诉我们经常去这个地点的访客类型、环境及氛围。一个餐厅是坐满了在浪漫约会的情侣还是挤满了开派对的学生，这个差别是很大的；周五晚上的氛围和周一晚上的氛围也有可能大相径庭。但这些因素都无法反映在繁忙程度的数据上。正如语义学家阿弗雷德·科兹布斯基（Alfred

Korzybski）所说，"地图并非地域"，我们对于事物的描述并不是事物本身。地图无法描述世界真实的样子。

上面的故事可以从另一个角度思考，即描述性知识和经验性知识。谷歌告诉我们餐厅的信息就属于前者：通过将一系列的特征拼凑，组成对一个地点的描述。经验性知识不仅依赖可以描述的外显信息，还需要我们亲身体验才能掌握。有意思的是，我们往往信任这些技术提供的"描述性知识"，而忽视通过亲身体验获得的经验性知识。

全球定位系统是现代世界定义的科技，正如我们所知其根源来自笛卡尔时代，心智超越身体的观点形成的时期。从笛卡尔想要标记卧室里那只苍蝇的飞行路线开始，到坐标系的出现，彻底改变了我们的旅行习惯。我们用一种去身体化的高效取代了与周围世界的真实互动，这种高效帮助我们在空间中快速穿梭，但似乎并没有深入其中。这种缺乏体验感的效率和缺乏深层理解的知识，同时也反映在其他类似全球定位系统的科技中，它们基于心智与身体相区隔的观点，凸显着我们重视心智胜过身体。大数据分析就是其中一个旨在提供对世界的客观性而非经验性的理解的科学实践的例子。

## 大数据

"大数据"（big data）一词并没有明确的出处，但许多资料显示美国科技公司奥莱利传媒（O'Reilly Media）的罗杰·马古拉斯（Roger Magoulas）在2003年首次使用这个词语。在21世纪初期，使用互联网的人数和相关电子设备数量激增，因而产生了大量数据，人们很快发现不论是从信息的数量来看还是从信息的形式来看，已经存在的信息是一个无法想象的量级。谷歌首席经济学家瓦尔·海瑞安（Val Harian）领导的一项研究估计，仅在2003年产生的信息量就达到5艾字节（exabytes），这相当于3.7万个美国国会图书馆的藏书量。世界经济论坛预测，到2025年，全球将有近40亿互联网用户，以及大量连接网络的传感器和互动电子设备，每天将产生463艾字节的数据。传统的数据处理工具已经无法应对如此庞大的"大数据"。其中一个数据工具是电子数据表，1979年首次出现在一款名为石灰粉（VisiCalc）的软件中。得益于笛卡尔几何坐标系的突破，电子数据表由数行数列的数据构成，每一个单元格都可以通过坐标定位，就像笛卡尔卧室的那只苍蝇一样。

之所以称之为大数据，是因为它的数据量、种类十分庞杂，产生的速度极快。激增的电子设备就像是都拥有一个"数据排气管"一样，不断地产生大量的数据。不论是车上或是路灯上安装的传感器，还是你口袋里的手机，甚至你每一次访问网页都在产生"点击流"数据。许多国际大公司的商业模式就是收集、存储和分析大数据——大数据的支持者提出的伟大愿景是，数据不仅可以帮助人们了解人类当下的行为、分析未来的趋势，其范围还可以扩大至更大规模的系统，例如交通、气候或海洋。

人类社会和自然系统之间的联系并非偶然，可以帮助我们了解大数据背后的起源和动机。与笛卡尔同一个时期的伽利略，两人从未谋面。伽利略的思想受到古希腊一元论（Monism）思想的启发。一元论中的一个学派主张"统一性"，认为可以依据一个单一的实体来解释不同类别的事物。一元论声称自然世界和社会世界遵循同一个通用的法则。

伽利略认为数学提供的一系列原理是理解世界的关键。他写道，"自然之书是用数学的语言写成的"，如果没有数学，"就像一个人在漆黑的迷宫中徘徊"。他认为，若人类社会和自然社会形态相同，自然可以通过数学解释，那么人类社会也可以用数学的方式表达。这种用数学描述自然世界并用同样的方式理解人类社会的思潮，意味着17世纪许多科学家开始将自己在自然方面的专业知识转化为理解人类社会的模型。这些科学家被视为第一批用数学来描述和解释这个世界的大数据科学家。

因为发现彗星而闻名的天文学家埃德蒙·哈雷（Edmond Halley），在18世纪初期从天体物理学的研究领域转为研究人寿保险业——他通过识别大规模死亡率数据中的统计规律发明了精算学。约翰·葛兰特（John Graunt）此前也用类似的方法在伦敦搜索了大量疾病数据集，为17世纪中叶研究疾病发生与分布的转染病学奠定基础。大致在同一时期，当代经济学的部分基础出现在威廉·配第（William Petty）的著作中，他汇总了国家关于财富和收入的统计资料。1835年比利时天文学家、统计学家阿道夫·凯特勒（Adolphe Quetelet）出版了一本书，详尽地分析了巴黎的犯罪统计数据。200年后，报道称纽约警方开始建立一个名为预感实验室的犯罪预测系统。该系统通过抽取例如犯罪时间的数据（一天中的某个时段、一周中的某一天、季节性时间）、天气、环境风险因素（例如酒吧和公交车站）、社会经济指标、历史犯罪率等数据预测犯罪的发生。纽约并不是唯一这么做的城市，其他城市和地区刑事司法系统也在使用类似的预测系统。虽仍有争议，但美国法院仍会采纳大数据推演，做出有关保释、量刑和假释的判决。1942年学者乔治·齐夫（George Zipf）在一篇关于自然统一性的论文中表达了自己对一元论的认同。他写道："同样的自然法则支配着我们星球的结构和行为、星球上的生命，甚至是生命体最微小的活动，例如人类最微妙的情绪和智慧。"齐夫相信，如果在某一领域发现一种模式，那么这一模式也会存在于其他领域。

乔治·齐夫在大数据领域影响深远，可以说是大数据发展的引领者。日常生活中我们也能够惊讶地发现齐夫理论的存在。例如音乐播放软件会根据你喜欢的歌曲的调式或每分钟的节拍数推荐你可能感兴趣的其他歌曲。事实上，计算机科学家已经声称他们可以基于齐夫－曼德尔布罗特定律（Zipf-Mandelbrot Law），从数学的角度"描述"出令人愉悦的音乐。这意味着在音乐领域，可以用统计学的法则去定义什么是让人听起来愉悦并受大众认可的音乐，摒弃不那么令人满意的异常值，形成了一个同质化程度较高的音乐选择。至此，数学概率不仅定义了我们的音乐喜好，也决定了我们听到的音乐的特质。

早期的大数据的支持者大都是笛卡尔二元论思想的拥护者，他们认为世界是可以通过抽象的科学模型和数字来表示的。大数据利用更强大的计算机系统处理前所未有的庞大数据量，将社会物理学家的工作进一步扩展。但最基础的技术和意图始终是相同的：开发解释与预测的模型。大数据的支持者不断地让我们相信地图就是地域。确实在某些情况下，正如大卫·劳伦斯（D. H. Lawrence）所说，"对我们来说，地图比陆地更真实"。相比于去面对复杂的真实世界，我们更愿意去面对简单直接的模型。大数据还鼓励我们遵从运算模型，其中包含的数据信息远超个体接收量，它让我们相信，数据规模越大，所得到的结果准确度越高。

现实中大数据在科学、商业等领域的应用证明了大数据已有的价值和潜能，但在许多情境中仍需要我们融入自身的经验来理解数据背后的意义。我们需要不同的理解智慧的视角，并对自身的感知理解能力保持信心。

## 创造智力

凯曼的《丈量世界》再现了"数学界的莫扎特"高斯的一生。高斯在学校的时候就因过人的天赋给老师留下了深刻的印象，为了打压他的傲气，老师给了他一本"德文中最难的数学教科书"让他学习。当高斯第二天读完后想将书归还给老师时，老师对他说，"没人可以在一天内读完这些内容的，更不用说是你这样拖着鼻涕乱跑的8岁小孩了"。但是在向高斯进行了30分钟的提问后，老师发现自己真的是在教一个天才，但仍把他打了一顿。

与探索陌生土地追求经验和知识的探险家洪堡不同，高斯对于智慧的探索集中于自己的内在世界。他在大脑中探索数学公式和与众不同的想法，时常在顿悟中以惊人跳跃的想象力提出新的理论。凯曼在书中提到，与洪堡活跃且充满好奇心的身体相对应，高斯沉浸在自我追寻的精神世界。他们都为人类整体知识做出了巨大的贡献。高斯在21岁的时候发现了非欧几里得几何，并出版了数论巨著《算术研究》（*Disquisitiones Arithmeticae*），他对于人类智慧的观点更出众，也更贴近现代主流观点。

教育思想家和活动家肯·罗宾逊（Sir Ken Robinson）爵士指出，随着孩子们的年龄越来越大，西方的教育开始逐渐从身体教育转向心智教育。他总结道，早期教育注重的是动手能力极强、非常实际的训练，鼓励小朋友们去探索和实验。但是在孩子升入高年级之后，教育变得愈加理性和静态，任何包含身体或多感官参与的活动都被系统性地排除。如果问任何一位老师，小朋友入学最需要学会的一件事情是什么，最常见的回答是，学会安静坐好。数学家和作家凯斯特·布雷文（Kester Brewin）总结道，当孩子们安静不动地坐好时，他们就变成了"挺直腰板的机械人偶"。

我们所学的内容都来自固定的科目，且集中于科学、技术、工程和数学，即"STEM"理工学科，牺牲了更多需要身体融入学习的创造性学科，如体育或艺术。因为教授的学科范围越来越狭窄，技术被愈加广泛地应用于教学和评估中。保障教学运营和成效的教育技术在2020年的预计市值达2520亿美元。布雷文建议，"如果过分强调'学术'技能，且认为学术技能最佳的学习方式是静态学习，或是用数位的方式使孩子安静下来、忽视运动在知识与技能习得过程中发挥的重要作用，那么我们将会毁掉年轻的一代"。因为许多证据表明，实用和概念性的理解都是通过身体融入世界与实物建立互动产生的。婴幼儿语言习得的过程就是一个很好的例证。父母往往都会在递给孩子瓶子之前告诉孩子这个是"瓶子"，使得单词和实物建立联结。孩子在拿着瓶子玩耍的过程中了解它的特性——只有在正确的方向时瓶子才会直立，或者将瓶子侧放时它就会滚动。

技术不仅仅是在教学中应用得越来越广泛，在评价系统中也是如此。根据2018年《南华早报》的报道，中国每4所学校中就有1所学校使用人工智能为学生的作业评分。该项技术设计的目的是能够"理解文本的逻辑和意义，并做出合理的、与教师评价相似的评判"。

尽管著名的教育学家安东尼·塞尔顿（Anthony Seldon）预言，十年内"向学生传授知识的基础工作将会全部被人工智能和计算机取代"，但教育技术的设计者和倡导者一直坚持"技术设计的目的是帮助老师教学，而不是取代教师的工作"。我们也不必过于惊慌，至少在可见的未来里这样的情况不会发生，报道中人工智能批改作业技术的水平远低于教师的标准。牛津大学也预测道，学校资历较高的教师只有0.8%的风险会被人工智能或自动化技术取代。塞尔顿论述中最有趣的部分是它反映了我们根深蒂固的观点：教育聚焦心智，不关乎身体。

在塞尔顿描述的人工智能的课堂上，"机器将知识传输给学生，上课时间仍然会有人在教室走动。但对大脑的启发，认知的刺激都来自设计精细的机器。机器知道你最感兴趣哪一方面的知识，专门设定一个最适合你的挑战，不会过于困难或简单"。鉴于学校的教学基本围绕着要求学生坐姿端正、认真听讲、掌握权威知识，这一预测也不足为奇。这是狭隘的智慧观的延续，认为只需要通过一个数字化的学习平台便可将知识高效地从机器传递给学生。从黑板到互动式白板，再到平板电脑，教育技术发展背后的逻辑没有改变。第一，大脑被视为存储信息的硬盘，记忆不同学科的知识。第二，学习的过程在很大程度上被认为是一项智力训练的活动，可以在"去情境化"的课堂，或通过线上教学的方式进行。第三，个体的智力或理解能力可以通过智商测试或考试的方式进行评估。考试的内容大多是一些固定的事实，例如日期、单词的拼写、名称、符号、公式，这些知识是去情境化的，能够通过语言或文本毫无遗漏地将意义传递下去，这与通过理解情境、体验而获得的具身认知完全不同。

然而，人们倾向将智慧视为认知的一部分，将大脑视为抽象信息处理器，这样的教育偏见使得人们明显关注事实性知识。现代教育忽视了体验与身体动作，尽管教育运动的奠基人玛利亚·蒙台梭利（Maria Montessori）已经用大量的实验表明，身体运动会驱动学习。蒙台梭利在1912年写道："我们这个时代最大的错误之一，就是认为身体运动只是动作，与更高阶的功能无关……然而，思想的发展必须与动作联结，且依赖于运动能力的发展……观察孩子就会发现，心智的发展是通过动作实现的……心智和身体运动是一个整体中的两个独立存在的部分。"

西方的主流教育观念被心智和身体二元论的观点深深束缚，随着孩子不断接受教育，其视觉、听觉、触觉、嗅觉和味觉等感官体验被逐渐淡化，尽管孩子是通过这些感官来理解世界的。

重视学术知识胜过实践知识一直是西方教育体系的特色。莱福哈姆智能未来中心学者史蒂芬·凯夫（Stephan Cave）指出，英国教育系统会在学生11岁时进行能力评估，判断他们是否适合从事脑力工作。凯夫认为这直接反映了教育系统重视学生心智发展而忽视身体。

⚡⚡⚡

从被置于聚光灯下的探险科学家洪堡和数学家高斯的生活中，我们领略了探索自然世界和探索智力领域的精彩。1862年，在洪堡发表他的著作《宇宙》（*Kosmos*）中的第五部分，即最后一部分尚未完成之时，他怀抱着绘制世界广袤土地的信念过世。他本想见证自己将这本书打造为宇宙的自然史。洪堡是启蒙运动渴望衡量世界的缩影，他之所以脱颖而出，不仅是因为他对知识的渴望，还因为他愿意忍受一路的荆棘实现自己的目标。在追求知识的道路上，他经历了野生动物、苍蝇、蚊子和各种自然灾害……当洪堡从南美洲返回时，他受到了美国总统托马斯·杰斐逊（Thomas Jefferson）的盛情款待，巴黎的民众也想一睹他的风采。

当洪堡想要走出图书馆，准备通过冒险获得知识的同时，高斯正用尽他的一生思考进入复杂高阶数学领域的道路，并用智慧和想象力留下自己的印记。和洪堡不同的是，高斯是一名待在家中的探索者，选择在大脑思考的层面，拓展知识的边界。他是"心智之人"，而并非"身体之人"。尽管他们之间存在明显的差异，但他们都是渴望绘制和理解世界，并为周围世界建立模型之人。

生成数据并分析数据的渴望催生了诸如全球定位等技术的出现，这些技术对我们如何理解周围的世界产生了深刻的影响。这些技术在生成世界地图的同时，也调节了我们对于世界的体验。跟随屏幕，即使我们对于空间和当前的位置丝毫没有概念，也可以顺利到达我们想去的地方；跟着导航系统，我们无须感受路程就能到达任意一个地方；我们可以借助导航高效地在城市中规划路线。但沉迷在算法和方向中的我们，也缺失了城市生活的体验和机缘，而这两者往往是城市生活中最不可或缺的元素。这些技术使我们将自己抽离，并通过描述而非亲身体验来理解事物。

这些技术追求的是高效和掌控，而非体验、互动和真正的理解。这些技术鼓励我们避开混乱和不在控制范围内的事物，例如情绪、关系、感受、气氛和心情，让我们关注的是数字、模式、异常值和相关性，细节和色彩都会被屏蔽。心智至上的观点通常是一种简化论的观点，虽然有时很有用，但正如神学家罗云·威廉姆斯（Rowan Williams）所说：

> 努力回想一下我们能想出的最没有修饰、最基本的模式或结构……当我们说一切都可以简化为这个或那个等式时，我们实际上并没有提到任何本质的东西；我们只是提到了一个得到结果的运算过程而已，如果不是这个过程，也就不会出现它所呈现的结果。

因为存在"心智优先"的偏见，更实际的技能被边缘化，注重智力的教育和更实际的知识被拉开了距离。现在是改变这一状况的时候，具身认知是改变的有力武器。当运用人工智能够更快（有时候也更准确）地完成分析任务时，我们应当注意到，人工智能难以真正复制人类智慧的地方，在于我们的身体。

下一章我们将学习身体是如何帮助我们体验和理解这个世界的。心智至上的观念根深蒂固，以至于我们认为没有其他方式去理解世界也无可厚非。然而，最好的世界模型并不是地图，而是世界本身。在理解世界的过程中，身体就是获得知识的工具。

CHAPTER 3 ｜ 第三章

# 体验世界

> 正因为我们是拥有跳动心脏的血肉之躯，而不是缸中之脑，
> 我们才有了作为人的体验。
>
> ——肖恩·加拉格尔（Shaun Gallagher）

## 章鱼的身体

当潜水员接近章鱼时，他们可能会遇到一种令人惊讶的行为：章鱼偶尔会伸出一只手臂，好像是在向他们打招呼，想带潜水员们四处看看。尽管许多早期作家都认为章鱼的外表非常可怕——瑞典动物学家卡尔·林奈（Carl Linnaeus）将章鱼描述为"独特的怪物"。因为它们表现出独特的特性，罗马作家克劳迪厄斯·埃里亚努斯（Claudius Aelianus）形容它们"调皮而精巧"。章鱼性情温和，拥有独特的智慧。在研究环境中，它们会喷水捉弄人，但是在野外，它们过着独居的生活，而且生命短暂。

章鱼是软体动物，在进化过程中，它们脱掉了自己的壳，选择拥有了更脆弱但是更灵活、柔软的身体。它们是一个没有骨骼的软组织，拥有像黏液一样的皮肤，即使最大的章鱼也能够钻进并穿过1英寸（约0.0254米）宽的开口。巨型太平洋章鱼的跨度为6米，可以想象这是一种极为惊人的

扭曲程度。每个孩子都知道，章鱼有8只触手，触手上布满了吸盘，用来将捕捉到的食物送至等待已久的口中。它们的身体中含有充满色素的囊，这让它们可以变换自己的颜色，不论是用来躲避或威胁捕食者，还是传达它们的"心智状态"。例如在交配或者被人类抚摸后，有些章鱼会变成奶油般的白色。正如哲学家阿米亚·斯利尼瓦桑（Amia Srinivasan）所说："章鱼的身体有着丰富的表现力。"

章鱼的智力进化与众不同。章鱼与人类、猴子、狗、乌鸦和海豚等其他智能动物之间最接近的共同祖先是生活在6亿多年前的一种没有视力的变形虫。章鱼的大脑包含大约5亿个神经元，与狗的数量相同，人类大约有1000亿个。章鱼的脑袋与身体的比例表明，从进化的角度来看，它们在大脑的进化上投入了大量的努力。然而，章鱼最与众不同的构造是它的身体与大脑并没有区分，形成各自独立的部位。

章鱼的神经元分布于全身，其中约三分之二位于触手，触手上的每个吸盘都有超过1万个神经元。章鱼进食的食道，直接通过聚集在头部的神经元。根据潜水员的研究，这样的构造会在章鱼进食尖锐物体时造成问题，因为尖锐物体会直接刺穿章鱼脑部的重要区域。与人类一样，章鱼也有神经中枢，但它们的神经中枢并不局限于脑部，而是分布在身体各处。大脑和身体之间并没有清晰的分界。一系列的研究表明，它们的触手可以独立且智慧地行动，不需要通过大脑的统一协调。斯利尼瓦桑写道："即使是通过外科手术分离的触手也能够触碰和抓取东西……章鱼的身体不像其他动物一样受到思想的控制，它们的身体本身就是思想的器官。"研究表明章鱼的皮肤不仅可以品尝、有嗅觉，还能够"看见"。可能是因为它们的皮肤能成为眼睛，也或许是它们的身体可以不需要大脑的控制进行观察。

章鱼的形态让我们有机会重新审视不同身体结构的本质，也显示出我们分隔大脑和身体的哲学观点是多么固执。我们始终认为眼睛看见事物，大脑控制身体，如果没有大脑这座"控制塔"的指示，触手是无法独立行动的，更别说触手还能看见东西了。章鱼是神奇的生物，正如哲学家和潜水员彼得·戈弗雷－史密斯（Peter Godfrey-Smith）所说，它敦促我们重新思考自我意识和智慧的含义，同时也让我们去思考普遍存在于西方思想中的笛卡尔二元论的局限性。章鱼用奇特的身体来体验世界让我们逐渐意识到也许身体本身有自己的智慧，在获取自身智慧方面，身体和大脑的贡献可能同样重要。

从这个意义上说，章鱼是具身思想概念的典型代表，意味着心智不仅与身体相连，身体也会影响心智。为了理解这一违反直觉的想法与人类的关系，我们需要从探索具身的概念，以及20世纪最重要的哲学家之一莫里斯·梅洛－庞蒂（Maurice Merleau-Ponty）的思想开始。

## 身体与感知

莫里斯·梅洛－庞蒂1908年出生于法国西南部的海滨城市罗什福尔，他认为身体是我们感知和理解世界的中心，提出了许多与在他之前的思想家完全不同的看法，据他思想的主要诠释者泰勒·卡门（Taylor Carman）所说，"庞蒂的生活与他的思想的内在逻辑与发展并不全然相关"。他曾与西蒙德·波伏娃（Simone de Beauvoir）、人类学家克劳德·施特劳斯（Claude Lévi-Strauss）和作家让－保罗·萨特（Jean-Paul Sartre）一起就读于著名的巴黎高等师范学院。庞蒂后来也曾与他们合作，但因政治观点不同而分道扬镳。

庞蒂是20世纪最重要的思想流派之一现象学（Phenomenology）的

领军人物。现象学是由埃德蒙德·胡塞尔（Edmund Husserl）创立，马丁·海德格尔（Martin Heidegger）、萨特和庞蒂发展壮大的哲学学派。从本质上讲，该学派致力于拆解前人建立起的复杂哲学体系。现象学家不认同我们与世界的关系是由认知程度定义的，身体才是我们与世界联结的基础。庞蒂认为，"所有形式的人类体验和理解都是以身体为基础塑造的"。他认为，我们对世界的感知始于身体而非心智。理性主义者如笛卡尔认为思想先于知觉，而庞蒂则认为我们对世界的感知始于身体。

现象学家很喜欢从第一人称的角度去描绘人类的体验，他们希望能够了解人们是如何体验日常生活，挑战反映在现代生活许多层面的，采用较为疏远的第三人称角度，追求客观、科学的知识等心智的价值观。

当现象学与离世已久的笛卡尔进行对话时，笛卡尔认为身体对于世界的参与和我们对于世界的理解无关。庞蒂并不认同，他并不认为是心智让我们成为世界的独立观察者。他认为，身体是"锚"，给予我们理解世界的观点，我们对于世界的所有认知都源于身体与世界的联系。笛卡尔著名的格言"我思故我在"，将心智放在了首位；庞蒂将他的观点提炼一下，可能会说"我有身体，所以才能理解世界"，身体是他的感知与知识理论的核心。他没有遵循先前的主流思想，认为高阶的逻辑智力位于心智，而是认为我们的思考依赖身体，由身体引导。

为了了解庞蒂思想中的具身理论，我们需要掌握有关身体的两个概念——感知与身体基模。为了让哲学变得有趣，让我们一起先幻想一场人潮涌动的演唱会吧。

想象你身处一个拥挤的音乐节现场，你专程来看的那支乐队正在舞台上全情投入地演出。这是一个美丽的夏夜，你和朋友在一起，喝点酒，此刻简直是一生最快乐的时光。你被人群围在中央，四周的人随着音乐摇摆、欢呼、庆祝……你突然发现你已经控制不住自己，迷失在了这个肆意放纵、极度兴奋的氛围中。你与人群摇晃的律动、音乐的旋律、舞台的灯光融为一体。

你现在正经历的就是现象学家所说的"体验"，而你的身体在体验的中心。可能偶尔你会从舞蹈中停下，然后脑海中蹦出一个"哇！"的声音，但是整体来说这种状况都是身体的感知而非思想上的体验。你不会去把你的体验分类，表示这个是我听觉的体验、这是我的嗅觉体验，它们是一个整体的体验（之后会成为回忆）。这就是庞蒂所说的整体的"世界"，而你是用身体在感知它。若不是身处其中，很难想象出真实的感受。当你一边回忆，一边与朋友分享这次经历时，你会说"你一定要亲自体验一番"。因为这种感受很难用文字描述。

我们参加音乐会的体验反映了感知并不是发生在大脑中的心智活动，而是从身体开始的。许多古希腊哲学家针对感知这个古老的哲学谜团提出相关的理论，庞蒂也将其视为毕生事业的关注点。庞蒂不认为感知是一种精神状态，他认为感知来自身体与世界的互动，这意味着身体是人类理解的基础。身体感知揭示和解释了部分世界，我们之所以能够体验并理解音乐会，是因为我们身处其中，而它也因为带给我们感受而存在于我们的身体感官中。

"假如没有身体，我们就无法体验世界"，"感知不是心智活动而是身体上参与"，这些想法现在看起来似乎显而易见，甚至有些平凡无奇，但却是对先前哲学思想的重大突破。如果我们接受我们在那场音乐会和日常生活中所经历的一切，比如"思考、判断、记忆、想象、期待……都基于我们的身体感知"（引自泰勒·卡门的观点），我们就会意识到身体是理解事物的核心。感知是身体的现象。我们会体验自己的感知状态，不只是心智状态，同样是身体状态。

庞蒂也提出，是我们的身体在调节外在世界与我们内在的状态。"身体基模"概念解释了我们是如何理解身体、理解身体运动与自身、他人和世界的关系，以及这样的理解如何塑造了我们对周围发生的事情的感知和反馈。这种"身体基模"的概念也可以用来解释日常生活中我们如何与周围的事物互动。当你在音乐会的时候，你拿出你的手机给你的朋友发了个消息，你完全不需要思考，就可以自然而然地完成这件事情。当你随着人群摇摆你的身体时，你可以用手机拍照并附上一段文字传送给朋友。庞蒂形容打字的这个过程：

> 一个人不需要记得每个字母在键盘上的位置，也可以打字。因此，知道如何打字并不等同于知道每个字母在键盘上对应的位置，或是在看到每个字母时做出相应的反射动作……打字的过程是我们双手学习的一个过程……双手知道每一个字母在键盘的位置，就像我们知道自己的四肢在哪里一样，这是一种熟悉的知识。

庞蒂用"身体基模"解释为什么我们时常可以不假思索地对周围发生的事情做出反应，以及我们如何能够在不需要刻意思考的情况下完成行动。他用"手上的知识"这一概念描述通过反复训练而获得的知识。许多解释我们如何行动的观点总会想象大脑掌握了一系列的程序图，在我们需要执行任务时可以随时启动，庞蒂称此为"我知道"的知识，但是他更相信实践中"我可以"的知识。敲出一条短信并不是需要太多有意识的思考而进行的精密活动，这类知识或技能深深依赖我们对动作掌握的熟悉程度。现实生活中充满了这类知识，它们来自对技能的反复练习，即我所说的"具身认知"。

# 具身认知

在我们的生活中有许多类型的动作都涉及具身认知。让我们再回到之前的那个音乐会。当你在站立、跳跃、摇摆、跳舞，或是尝试保持一个固定的姿势，完成其他各种身体的动作时，你会使用工具：用手机照相、用火柴点烟，或是用吸管或者直接打开瓶子喝饮料。当你身处人群中寻找自己的定位时，你也在对周围的事物、环境作出回应。最终，你会融入一个更大范围的、非语言的环境之中：识别周围人的表情，并用自己的身体表达自己的情绪，与周围的人保持合适的距离。你的身体参与其中，知道该怎样做。

但是当你在做这些事情的时候，你并没有觉得你在依据什么知识来完成动作。这大概是因为你已经不需要思考自己做的事，不需要心智指挥。我们可以不经思考地行动，这是对知识本质与运作方式固有观点的挑战。到底什么是知识？知识又是如何运作的？我们倾向于认为它是有固定形式的——信息先以文字的形式进行编码，然后再输送至大脑。人类总喜欢把所有事情都先转换为语言，仿佛语言是理解的关键，这样的观点很有趣。然而，具身认知是通过生活实践表现出来的，它无法用文字记录下来。我们可以用下面这个日常的例子说明外显、表达性知识与具身认知的区别。

当我们看一个新的菜谱时，我们常常会非常细心地按照菜谱的步骤来操作，因为配料和烹饪方法对我们来说还很陌生。我们相信恪守步骤才能够做出和食谱作者一样的成品。我们按照要求把洋葱炒至半透明状态，黄油在温热的平底锅里融化，糖只要一茶勺中和番茄酱的酸度即可……但是当我们按照菜谱成功做出成品后，我们再做这道菜时便没有那么依赖菜谱了，而是愿意跟着自己的经验和感觉操作，我们会知道这次或许可以少放点糖。我们这样做是因为我们在体验中已经获得了具身认知，所以不需要过多思考便清楚这次番茄酱应该加多少。

有时具身认知是十分隐蔽的，以至于若非换了环境我们的身体不知道该做何反应，我们都没有意识到它的存在。如果你把一个狂热的音乐节粉丝放在伦敦维格莫音乐厅（Wigmore Hall）的贝多芬弦乐四重奏现场，她一定会僵硬但老老实实地做出适合这个环境的动作和举止：在座位上挺直腰板坐好，给予演出礼貌的掌声，并用恰当的面部表情来表达她对作曲家及演奏者对作品诠释的欣赏。这种格格不入的感觉，是当我们发现自己身处陌生的文化环境中时常常体验到的，这是因为我们的身体尚未习惯这种新的环境，且没有相关的知识储备。

获得具身认知需要时间和体验，但因为它是通过沉浸在不同的环境中，并且获得的途径是主动尝试而非被动接受教导，它会比我们想象的更容易获得。事实上，正如我们会发现的那样，我们的身体可以不由自主地获得适应新环境所需的技能。

## 身体优于心智

庞蒂著作中关于感知、体验和知识的身体性论述为西方哲学史开辟了新道路，与一直以来盛行的笛卡尔的观点相对立。几个世纪以来，人们认为心智是获得感知的关键，如今关于智慧的讨论开始出现分歧，新观点逐渐形成，知识的习得方式、储存方式，以及知识的本质和特性都与以往不同。笛卡尔这种将身体与心智区隔开的观点根植于我们的教育系统、企业如何收集信息，以及在影响最显著的计算机科学领域。近年来，"电脑是心智的模型，思考如同数据处理"的观点，使人们夸张地预测着人工智能的潜力。

思考，通常被理解为我们处理周围世界的抽象表征的过程，对人类生命与成就的发展至关重要。例如，用数学的方式来描述和理解世界的特征，使人类能够测量山脉的高度、制造蒸汽机、建造稳定的桥梁和开发强大的通信技术。但与此同时，因为心智至上的观点成为主流，我们忽略了通过体验由身体产生的知识。直到庞蒂的出现，我们才意识到这个事实，我们的心智是身体的一部分，身体参与世界之中，体验着世界。

庞蒂对于身体优于心智的坚持，为知识本质带来截然不同的观点。关注思考和行动之间的关系，是理解从笛卡尔身心二元论转向强调身体作用的具身认知的一种方式。哲学家更倾向于强调思考，而实际的身体行动在当时的思潮中几乎没有分量，但是我们每个人的生活都同时包含思考与行动。具身认知位于思考与行动中间。具身认知让我们能够不经过思考行动，因为它已经在我们的身体留下记忆，不需要刻意回想自己所知道的东西。我们掌握具身认知无须被教导，因为我们是通过身体感受到的体验，以及身体执行的动作获得具身认知的。

在本书的第二部分，我们将会深入探讨身体学习，一同去探索我们如何在观察中学习，并通过练习让身体获得知识。在"即兴"部分，我们将会看到具身认知如何帮助我们应对不熟悉的环境。"同理心"也是具身认知的一部分，身体是理解别人意图和情感的关键。在"记忆力"一章，我们将看到身体如何记忆它体验到的感受和知识，并成为心智的强大助力。

在第二部分我们将看到，现象学家提出的身体是体验世界的中心的理论，有哪些已得到科学的证实。同时，我们会认识到日常生活的许多方面都是以具身认知为中心展开的。

# PART TWO

第二部分

# 身体学习的
# 五个维度

CHAPTER 4 | 第四章

# 观　察

身体是人类最重要，也是最自然的工具。

——马塞尔·莫斯（Marcel Mauss）

西方文化在很长时间内都将视觉排在其他感官之前。我们相信"眼见为实"。当我们理解了一件事情时，我们会说"我看见了"（英文"I see"译为"我懂了"）。柏拉图和亚里士多德也都曾将视觉与理性、确定性联系起来。加拿大哲学家马歇尔·麦克卢汉（Marshall McLuhan）被誉为"流行文化的大祭司与媒体的形而上学家"，他在接受《花花公子》（Playboy）采访时解释了为何识字能力的提升与印刷文字的出现让我们相信"冷酷且中立"的眼睛比其他感官更重要。他认为"视觉感官地位的提高"改变了我们对空间和时间的感知。麦克卢汉提到，"生活在部落中的人生活之所以复杂、紊乱，是因为耳朵不像眼睛，具有联觉性，无法聚焦，且不具备分析性和理性"。他认为识字的能力让人们开始"以眼代耳"，这不仅导致了听觉地位的下降，也导致了触觉、味觉和嗅觉重要性的降低。

但在另一方面，身体也时常被认为会误导我们，带给我们捉摸不透的感觉和一些欺骗性的情感。我们经常被告知要抽离情绪关注事实本身，但当我们置身于我们试图理解的世界之中时，我们很难将自己抽离出来。庞蒂认为世界是通过我们的身体来体现的，观察并不仅仅意味着"看"，而是需要调用我们身体所有的感官。我们不单单依靠眼睛接收信息：我们会通过触碰、闻或动手操作来理解事物，即便没有亲眼看见，我们仍可以感受到周围发生的事情与我们的联结，我们会有意识或无意识地用身体接收信息。

## 两个视角

直到史蒂夫·埃斯曼（Steve Eisman）与同事在拉斯维加斯待了几天后才意识到大事要发生，他们应该给自己的仓位加倍下注。他们做的决定将带来巨额财富，并让他们在21世纪初金融体系崩溃时扮演主要角色，助推了全球金融体系的瓦解，并造成2007年至2010年间的经济大萧条。

埃斯曼与文森特·丹尼尔（Vincent Daniel）、波特·柯林斯（Porter Collins）和丹尼·摩西（Danny Moses）一起经营FrontPoint对冲基金。"大胆自信、雄心勃勃、专注"的埃斯曼是一个天生的逆向投资者。在1997年的次贷危机中他发现商机并从中获利。这场危机涉及向信用记录不佳或不存在信用记录的人发放贷款，随后又将这些具有高违约风险的贷款"证券化"，并将它们捆绑在一起形成看似更安全的金融产品。投资银行可以出售这些产品获取高额利润。

全球金融危机的根源在于抵押贷款的证券化。随着21世纪初房价的上涨，由于缺乏相应规范，银行家有机会将这些抵押贷款重新打包以供其他人购买。低收入人群拿到了看起来十分诱人的贷款，有房屋抵押贷款的人则被鼓励再去购置新的房产。通常，这些操作会被重复很多次，且每一笔贷款都为利润丰厚的证券化业务提供了更多的原材料。2005年，仅在美国就发放了6250亿美元的次级抵押贷款。这些贷款"建立"后出售给华尔街的银行，打包成债券，然后再卖给投资者。到2005年底，这些所谓的"次级抵押贷款债券"的市场价值已经达到5000亿美元。

这些债券用一些深奥的名称掩盖了真正发生的事情——金融家使用的这些术语让他们做的事情听起来安全、可靠且富有格调。"担保债务凭证"（Collateralised debt obligations）就是对债务和贷款的打包，这些贷款本身也被赋予了晦涩的名字，就像移动住宅被重新更名为"安置房屋"。这些文字游戏让我们很难看清背后的阴暗细节。

贷款被捆绑在一起，是为了保护贷款者免受单个贷款坏账的危险而设计的，理论上是这样的。但是，这话讲得好听，事实是那些无法偿还的贷款又会被打包重新卖给其他的投资者，并告诉他们这个和政府发的债券一样安全。埃斯曼察觉到了正在发生的这一切，但是他明白如果他的直觉是正确的，那么他必须以一个新的视角去看待这个市场。他和他的团队决定着手揭开这个被刻意模糊的次级房贷证券市场。

因为在华尔街工作了十多年，埃斯曼对于华尔街有一个全面的了解，同时也完全不信任华尔街的人和他们的方法论；他认识那些向普通人提供贷款的公司和个人，也熟悉投资银行里那些西装革履的债务销售员；他在FrontPoint对冲基金也拥有一支规模虽小但值得信赖的团队。丹尼尔是埃斯曼在市场上的眼睛和耳朵，他"小心谨慎、注重细节"，在分析20世纪90年代次贷市场问题时，他花了6个月的时间对大量的贷款数据进行仔细取证，以了解到底发生了什么。这些数据体现了哲学家托马斯·内格尔（Thomas Nagel）所说的"本然的观点"：一种客观而超然的视角。

FrontPoint对冲基金的团队面对市场上狂热的信心和用晦涩难懂的术语组合出的复杂信息，觉察到有些事情并不合理。埃斯曼回忆时说："从第一天起我们就知道有一天我们可以通过做空它而发财，这个市场迟早会爆炸的，只是我们还不知道事情发生的时间和方式。"不过团队成员十分谦逊且有远见，他们知道需要寻找其他的观点支持他们的数据分析和建模。他们尝试从两个视角进行分析：第一个视角是，在加利福尼亚州、佛罗里达州、亚利桑那州和内华达州这些"沙州"房地产市场都异常火爆。第二个视角是拉斯维加斯繁荣的酒店业。

2007年初，他们参加了债券承销商和推销员会议。该会议在拉斯维加斯威尼斯酒店举办，迈克尔·刘易斯（Michael Lewis）在《大空头》（*The Big Short*）这本记录埃斯曼故事的著作中将这个酒店描述为"外表仿造威尼斯总督府，内部绘有《神曲》壁画"。正是在这里，他们遇到了那些以销售证券产品为生的西装革履之人。除了在会议厅的推销之外，债券承销商还在玩掷双骰子的赌博游戏。这种游戏就像他们卖的商品一样，用非常复杂的表象掩盖了骰子游戏总是有利于庄家的事实。当他们拿着别人的钱赌博时，低收入的工薪阶层的侍者在为他们提供饮料和服务。这些低收入人群抵押着自己那些无法升值的资产，背负着远超自己能力范围的贷款，只因银行家的模型认为他们是能够负担得起的。丹尼尔的一位同事晚上外出后分享了他遇到的一位舞者的故事，他有5笔房屋贷款。之前，团队去佛罗里达考察的时候遇到一个男人，他承租房屋的房东竟将房屋登记在其宠物狗的名下。

## 便宜的西装，强烈的信号

团队1月份在拉斯维加斯的观察包含了许多引人入胜的故事和一些令人不安的的细节，埃斯曼对一类金融人士穿着的西装印象尤为深刻，他认为这体现了眼前世界的失序。

销售员在酒店疯狂推销的这些产品都得到了像穆迪、惠誉这样的评级机构的背书。因为有它们的加持，这些不合规的产品被赋予了良好的信用与合法性。埃斯曼认为，在这类评级机构的工作应该是大家梦寐以求的高薪工作，因为这些工作需要你对复杂产品作出最严谨的分析。然而埃斯曼却发现这些公司的员工都穿着"杰西潘尼（J. C. Penney）的平价蓝色西装外套、与之相配的领带，和一件僵硬的衬衫"。他们的穿着让埃斯曼觉得，这些人绝对不是接下来这场大战的主角，此刻他们本应坐在市场的顶端，用批判的眼光看待这些被推销的产品。

丹尼尔、柯林斯、摩西和埃斯曼离开了拉斯维加斯——这座城市在2009年引领美国房屋止赎的热潮。他们在这里获得了足够的经历，证实了自己对市场的看法。会议现场的人数（约7000人参加会议，而一般的股票会议大约只有500人）、销售员浮夸的举止、疯狂的推销和穿着为团队提供了充足的信息，他们由此得出结论：这个市场已经失去控制。他们到达拉斯维加斯，认定次贷市场注定要下跌时仅持仓3亿美元的空头头寸。离开拉斯维加斯之后，他们迅速将押注提高至5.5亿美元。另外，他们做空了穆迪的股票及其穿着廉价的分析师。

埃斯曼和他的团队非常聪明、善于分析且注重细节。他们仔细地研究了市场数据，寻找到可以帮助他们理解形势变化的信号，从而确定正确的方向。但在这样一个被行话和术语笼罩着的稀有市场，他们还需要其他佐证。市场提供的数据是暗示性的而非决定性的。相比之下，在沙州的俱乐部与赌桌上的见闻给予FrontPoint对冲基金的团队丰富的现场视角支撑自己的判断，揭露次级贷款的实质。同时，这也让FrontPoint对冲基金的团队有信心比其他人更早地做空市场，看清次级房贷的真相：一场规模浩大的庞氏骗局。

在FrontPoint团队去往拉斯维加斯之前，他们对次级房贷市场只有一个理论性的了解。通过抽象数据制作的电子表格是可用的最好模型，但根据市场参与者的观点，它们是具有持续性的，即房价将持续上涨、抵押贷款将会得到偿还，将贷给低收入或无收入人群的贷款打包成债券会很安全。但当埃斯曼第一次去到内华达州时便看出这些关于次贷市场的客观观点的问题所在。

法国社会学家马塞尔·莫斯（Marcel Mauss）在1935年的一篇关于身体的论文中表示，"身体是人类最重要，也是最自然的工具"。他认为，身体是我们学习、感知和表达我们对世界理解的核心。埃斯曼通过用他的身体近距离地观察市场，从而对高度复杂的大规模现象建立了一个更全面的视角。这种"他处的观点"是局部的，第一人称视角的，但是它同样是真实的。市场模型虽然也有它的道理，但通过实际的体验，FrontPoint团队很快看出其中矛盾的地方。房价可能不会一直上涨，低薪者拥有5套房产并不是一件好事，市场严重供过于求对房价来说只意味一件事。

不过这些信息也只有你知道如何去观察时才能够看见。埃斯曼的观点基于经验而非智慧。他如果没有去拉斯维加斯，可能就无法对次级房贷市场作出那样的判断，而当他亲临现场时，便调配自己的所有感官去理解周围的状况。他搜集周围所有的线索和信息，例如廉价的西装，证实了团队早期的分析。谁会知道这样一个微小细节会是揭开金融之谜的线索呢？

庞蒂认为，感知发生在我们身体——正是身体将不同的感觉和世界发出的信号联系起来，这帮助我们理解了埃斯曼团队为何能够在拉斯维加斯之旅中获得如此巨大的成就。市场的客观观点中包含了许多数据点，但埃斯曼将自己置身于次贷市场的真实世界，这帮助他观察到许多数据缺失的信息、提示和线索。可能有些线索较强，有些较弱，但是拉斯维加斯之旅的体验帮助埃斯曼和他的团队理解了市场的客观观点与市场的真实情况之间存在着巨大的鸿沟。

我们生活的世界将数据视为权威。我们认为数据提供了一个客观的、第三人称的视角，这一点在数字主导的金融领域更为显著。FrontPoint团队理解市场的方式是独特的，但融入第一人称的视角使他们笑到最后。做空市场的举措让他们的资金从7亿美元翻倍为15亿美元。这一成就的关键就是他们通过亲身体验获得的线索和信息。然而，埃斯曼并不是唯一使用身体观察来理解周围世界的人。

## 动物人

如果你发现一位律师睡在伦敦东区披萨店旁边的小巷子里，或是住在威尔士的山洞里，会感到很诧异吧。你如果看到有人赤裸地站在德文河中，或是站在岸边闻水獭粪，你也一定会感到很意外。人通常扮演狩猎者的角色，而像雄鹿一样在开阔的高沼地被追捕的感觉又是怎样的？花一个晚上在伦敦东区与一群狐狸在巷子里睡一晚上又是什么感觉？对动物生活的痴迷，促使查尔斯·福斯特（Charles Foster）采取特殊的举措探寻这些问题的答案。

福斯特从小就对动物感兴趣，小时候他就在当地的图书馆读完了所有的相关书籍，但他不想止步于此。他不仅是一位拥有医疗法和伦理学博士学位的律师，同时也是一名兽医。福斯特熟悉动物，但他认为这种了解在某些方面仍是不完整的，对他来说，这些知识都是人类的观点。尽管发达的神经科学会识别出獾在用敏感的鼻子检查林地里的东西时，大脑的哪一区域在工作，但我们无从知晓獾获取的信息，我们该如何了解獾身处的世界？

福斯特的答案乍看上去非常简单，如果我们想要知道獾的感受，那么我们就要先成为一只獾。他请朋友帮忙用挖掘机在威尔士的山上挖了一个洞，作为他和爱冒险的儿子的家。没有任何电视节目的表演因素，他们大口吃下虫子，用四肢爬行，侦察着他们的栖息地。因为獾是用鼻子感知周围环境的，福斯特便让妻子在家里藏好气味浓烈的斯蒂尔顿奶酪，然后他将眼睛蒙住，试着找到奶酪。

福斯特还有更大的野心，他希望能避免落入这样的思维陷阱，即我们如何看待世界，就是其他人，尤其是动物如何看待世界。他尝试完全融入动物的栖息地，模仿它们的行为。"当我是一只獾时，我就住在洞里吃虫子。"福斯特说道，"如果我是一只水獭，就试着用牙齿抓鱼。"

福斯特的滑稽表现与石器时代的动物壁画，都表明了人类自古以来对动物的兴趣与迷恋。现代科学可以让我们知道鸟类眼中、耳中的世界，但我们真的能够了解其他动物世界的样貌吗？哲学家内格尔在一篇著名文章中提问："成为一只蝙蝠是什么感觉？"与福斯特的行为体验不同，这是一个经典的学术反思。内格尔之所以选择蝙蝠，是因为它和獾一样，有着与人类极为不同的观察世界的角度。蝙蝠用回声定位感知物体的方位。内格尔说，如果人能够变成蝙蝠并掌握回声定位的技能，他就能体验蝙蝠的生活了。但内格尔认为，因为我们大脑的构造与蝙蝠不同，所以我们永远无法具备蝙蝠的思维方式。福斯特与内格尔通过不同的方式，得到相同的结论：学习其他动物的行为模式，可以让我们理解它们体验世界的方式。

福斯特与一位希腊诗人朋友分享他的冒险经历，试图解释他的目的是了解他人的世界。但是诗人朋友反驳道："我无法想象生活在阿拉巴马州的南方浸信会的世界是怎样的感受。"因为诗人从未去过阿拉巴马州，福斯特同意他的看法。而他自己也是在与狐狸一起生活后，才更了解狐狸。"相比原教旨主义者，我和狐狸的共同点更多。"福斯特说道，"我和这些狐狸一起住在充斥着木头、泥土、骨头、寒气的具体、可感的世界中。"
福斯特认为,是动物独特的感官塑造了它们对于世界的感知。或许由于身
体构造和生理的原因,他无法完全模仿动物的行为,但通过采取与动物相
同的、身体优先的观察方式,福斯特可以更理解动物身处世界中的感觉。

$$\text{⚡⚡⚡}$$

福斯特并不是唯一一个试图跨越物种壁垒的英国人,他选择的是
较为直接的方法,没有借助其他辅助工具,而设计师托马斯·思韦茨
(Thomas Thwaites)则尝试了不同的方法。他的故事发生在一个早晨,失
业的他对自己的生活状态有些失望。思韦茨带着他的狗诺基在大家通勤的
人潮中逆向而行,他不禁好奇,狗不用担心交房租、上司、收入不平等、
气候变化和恐怖主义会是什么感觉。他想:"如果把这部分人类独有的能
力关掉几个星期,完全活在当下,不用去思考我做过什么,我要做什么,
或我应该做什么。摆脱人类的身份,放假一下,暂时变成动物,岂不是
很好?"

起初,思韦茨想要给自己造一副外骨骼,成为一只大象,穿越阿尔卑
斯山,他甚至收到了来自惠康基金会的赞助。然而,他很快发现如果要变
成大象这种体型的动物难度太大。他和一位丹麦的萨满讨论这件事,萨满
建议他试着成为一只山羊。

思韦茨的冒险分为三种不同的方式:阅读大量的书籍,理解山羊的
大脑构造,尽可能地用自己的身体去适应山羊的形态。首先他阅读和了解
山羊的文化,了解它们的社群生活以及羊群中严格的等级制度。当他发觉
自己的语言技能可能是融入羊群的一大障碍时,他拜访了一位专门研究经

颅磁刺激（transcranial magnetic stimulation）的学者。经颅磁刺激是一种利用磁场刺激大脑中神经细胞以改善抑郁症的技术，他希望专家能够用这个技术关闭大脑中负责说话的区域，这样他就能离目标更近一步。但在得知这个方法会非常危险后，思韦茨选择专注于将自己的身体变成山羊。他意识到，像羊那样思考虽然很好，但是"没有身体的参与，我永远不会有同样的感觉。我需要把我的手臂变成前脚，把手掌变成羊的蹄子"。

义肢专家为思韦茨设计了一组羊脚，让他可以像山羊一样尝试四足行走。他甚至试图重现山羊的320度视野，但是后来得知若没有复杂的摄像眼镜或者是坦克潜望镜的技术，则不可能实现。在思韦茨认为自己准备好了以后，他便前往阿尔卑斯山，准备加入一个羊群。

思韦茨非常享受他和羊群住在一起的这段时间。他的牧羊人也认为羊群与这个"羊人"相处得不错。所谓相处指的是思韦茨与羊群四目相对，呼吸着山羊的呼吸，也和山羊一样行动。思韦茨的一天很快变成走向一片草地，吃几口草，然后过几分钟再走向另一片草地。从体力上来说，在山间做一只四足动物并不容易，"就像一直在沿着山体做单臂俯卧撑一样"。很快思韦茨就已经大汗淋漓、四肢酸痛无力。他发现穿着假肢上山要比下山容易得多，他意识到自己犯了羊群的大忌：羊群中站在最高处者具有统治地位，所以另一只羊很快地向他冲撞，把他赶下了高地。在草甸和雪地中度过一周后，他发现不仅他的身体产生了变化，他的心态也有明显的变化。思韦茨通过对山羊非常密切的观察，更接近山羊的世界。

思韦茨对山羊身体的细微细节的关注，与福斯特一样都是通过体验的方式去理解动物的世界。他们都意识到不论你多么努力，很难仅凭想象进入其他动物的世界，但你可以将自己置于它们的世界中，以动物的视角观察世界。对于思韦茨来说，这代表着用四肢行走，直视山羊的眼睛，呼吸山羊的气息；而对福斯特来说则是趴在教堂的庭院中看狐狸。

"动物人"告诉我们，观察不仅仅是通过眼睛，它需要整个身体的参与。并且如果你真的想要了解到其他人或是其他动物的世界，就必须亲身参与。人体有化学的、机械的、视觉的和温度的传感器，它们帮助我们感受到周遭的世界。同时，我们也有感知身体位置和运动的能力。那么既然人类的大脑就是用来处理所有这些信息的，那么充分利用这些资源也是相当合理的。

内格尔关注的是我们能否通过思考进入蝙蝠的世界。而福斯特和思韦茨意识到，既然人类拥有这么多强大的工具可以使用，那么区隔身体与心智，或是只依赖大脑忽视身体，在实际或哲学层面上毫无意义。为什么要削弱自己的感官体验呢？所以当福斯特与水獭在埃克斯穆尔共游时，他认为潜水衣会阻碍自己由河流激发的想象力。

当你试图从动物的角度看待世界的时候，不能仅仅依靠视觉。福斯特希望能像獾一样识别气味，他认为"人类明明有非常敏感的双手，却要戴着手套去体验这个世界，继而又责怪这个世界很单调"。福斯特和思韦茨的冒险经历告诉我们，身体一旦被激发，在需要的时候就能够以调动多种感官的方式观察世界。

虽然人类身体会有一些天然的限制，就像思韦茨试图成为一个山羊时就遇到了人类关节的限制，或是斯福特想成为燕子，但最大的限制是在获取知识的过程中，我们坚持重视心智胜过身体。有许多有意思的科学研究解释通过观察习得知识是如何发生的。

## 用眼睛窃取知识

20世纪90年代中期，人类学家崔弗·马尔尚（Trevor Marchand）的飞机在也门首都萨那降落。这是在也门内战爆发的几十年之前。一座座优雅的宣礼塔直插云霄。马尔尚计划通过建造房屋或者是做一些修复项目来学习工匠的手艺，但是很快他被道路尽头一座尚未建成的清真寺里耸起的塔尖吸引。

就像所有人类学家一样，马尔尚也在找机会融入当地人的生活。他每天早上都坐在这座清真寺对面，观察着来来往往的人，希望能被大家注意到。他的计划奏效了。因为一个看起来很好奇的加拿大面孔在萨那的街上并不常见，所以新建清真寺的石匠过来问他在这里做什么。马尔尚回答道，他想在这座城市做一些建筑方面的工作，希望能够了解这里的建筑工程和学徒制。石匠听闻也很感兴趣，所以邀请他来参观他们的工作。

几分钟后，马尔尚就踏上了宣礼塔散落着瓦砾的楼梯，偶尔会在楼层间层遇到一些手足无措的建筑工。最后他走到了这个建筑的最高处，暴露在阳光下。他站在最高处，往下看有些眩晕，在离开前他与工匠聊了许久。几个星期后他又来参观这座清真寺，但是被详细地询问来此的目的。他解释自己是一位建筑师，来城里的目的是"希望能与其他传统建筑工人合作"，并很快补充道："我很愿意为你们工作。"工人们听后露出微笑，让马尔尚第二天上工。

马尔尚是一位训练有素的建筑师，长期以来他一直着迷于探究人们是如何习得建造的能力。当他在伦敦的一个摄影展看到也门式建筑时，他决定运用自己人类学的知识去探索学徒制和各种工艺的实践。之后，他在马里学习了传统的建造术，在伦敦接受了工艺家具制造的训练，在也门花了超过一年的时间了解宣礼塔的建造。在这三段过程中，马尔尚对人们在缺乏明确指导的情况下如何习得复杂精密技能非常感兴趣。马尔尚想知道，人们在未经教导的情况下如何学习？

在清真寺，马尔尚和其他学徒一样，从底层开始。初级学徒还不算被全职雇用，工作也没有保障。这些初级学徒可以说在各个方面都是从最简单的任务开始，之后再一步步向上攀升。这些简单的任务包括确保高级别的同事使用正确的工具、工地有充足的资源供给。他们旁听师傅与客户讨论预算、排期和与建造清真寺等相关的实际问题。

在学徒制的初期，学徒基本上都是完全专注于琐碎的小事，但同时他们有许多机会观察其他工作的进行方式。随着时间的推移，他们可以开始在宣礼塔的外面垒砌砖块，然后在外部和内部结构之间做填充工作。最终，他们则准备好迎接和处理一些更错综复杂的工作。随着不同任务所需技能的提升，有时学徒可能需要花费数年的时间才能学会如何在这种三维几何空间中思考和行动，并且对材料和建筑体的空间关系有更深刻的了解。

马尔尚发现，在学徒期间，几乎没有任何明确的教学指令。建筑物不是一个谈话室，宣礼塔的垂直角度会分散人群，不适宜对话。学徒在几乎没有任何指导的情况下学习技术，甚至对话的机会都很少。马尔尚注意到，尽管有的时候学徒做错了，但师傅不会告知原因，只会严厉地斥责他们。更重要的是，除了教学的缺乏，宣礼塔的搭建没有任何建造计划。这完全颠覆了西方的建筑教学模式，"这和我受到的建筑学教育是完全相反的，"马尔尚说道，"我们从第一年开始就要学习制订整体的建造计划，一直到建筑学课程的尾声，我们才可以学习组装方式和各种材料的特性。"

宣礼塔工匠的故事向我们展示了一个和我们想象中建造一座庞大、错综复杂的建筑不同的世界。他们非常强调实际的知识而并不注重理论。知识并非通过授课，整个过程也不鼓励提问，学徒通过自己的观察习得知识与技能。令马尔尚非常疑惑的是，在这样的情境下，学徒如何掌握建造宣礼塔这样复杂的技艺。但是，在观察过程中马尔尚发现，每当遇到一个新的任务时，学徒会以自己所知为基础进行迁移。更重要的是，马尔尚发现初级学徒对前辈处理建材时的手势、动作及技术步骤有着非常敏锐的观察力。他们观察、模仿，然后最终掌握这些他们反复观察的动作。知识与技艺似乎是通过身体间的传递而非语言获得的。

除了宣礼塔的工匠，很多职业技能的习得都不需要过多依赖言语和教导。篮子编织者、卡波舞者、瑜伽老师，他们都是通过观察和模仿从而掌握、精进自己的技艺。人类学家迈克尔·赫兹菲尔德（Michael Herzfeld）谈到他在中东的调研时，以"用眼睛窃取知识"解释学徒的这一学习过程。我们还可以怎样看待通过观察传递知识的方式呢？这又如何说明身体在知识学习中所扮演的角色？

## 通过观察学习

想一想有多少次是在你还未讲完时别人就帮你把话说完？这是一个非常常见的情形，或许它就发生在你的上一段对话中。当这种情况发生时，尤其是每次别人补充的词语与你大脑中打算使用的词语完全一致，你会不禁好奇他们为什么会知道要怎么表达。同样地，即使对方没有用你想的词语，句子仍精准地传达你想要表达的意思。

想象这么一个场景，妻子说："我觉得今天是整理花园的好时机，我想……"丈夫插嘴道："除草。没错，最好是在下雨前把草除一下。"语言学把这种现象叫做共享表达，是一个人"打断另一个人的表达以补充他的言论或想法……表达者与听者都在实时搭建这段话语"。共享表达强调，虽然言谈通常是一人表达、一人倾听，但却是集体行为，并非仅是说话者在表达。对话和互动创造了共享的内容，同时共享表达说明，知识并非在人与人之间传递的静态物体，而是需要通过互动创造。

这类言语交流在我们的日常生活中随处可见，也与人们的身体互动密切相关——换句话说，通过对话来一起使意义完整的"共享表达"在身体上也有相同的交流。举个日常的例子，当你看到伴侣正在艰难地用一只手在给蔬菜滤水时，你会赶紧伸手帮忙；或者在拥挤的火车站自如地穿梭于拥挤的人群，而不撞到向你走来的人。这些动作都是大家协作完成的。一个人开始做一件事情然后另一个人来完成它，并且需要我们一些有意或无意的调整合作。

不论是语言上的还是身体上的互动，都需要别人来共同完成。虽然说宣礼塔的工匠并不怎么互相沟通，马尔尚认为当学徒观察是带着一种想要帮助完成的念头，去观察他人是如何工作的。越来越多的证据表明，这种念头也可以看作是一种交流，会在我们观察他人动作时显现出来。

你是否在他人向你演示或你看着他们完成某个动作时，感受到无法抗拒的冲动，想要复制他们的动作？你是否感觉自己的身体同样在经历他们的运动，像是拉扯牵绳的小狗一样？可能那个人在向你展示网球的正手击球，在你面前快速切着香草，或者你只是车上的一名乘客，看司机在高速路上加油门。尽管你克制自己的身体不要模仿别人，你的身体没有实际的动作，却仍经历模仿动作的感觉。这种身体感受到自己正在重复观看的动作，或隐约觉得身体正准备进行该动作的现象，都可以用运动模拟理论解释。

运动模拟理论的背景涉及认知科学、神经科学、心理学等领域。近几十年来，这些领域的科学家已经开始理解我们的思维方式、知识的获取，与感觉运动体验密切相关。感觉运动是指身体的感觉和运动功能的结合，通常与认知能力形成对比。研究指出，和动作相关的具体认知状态与实际执行该动作有关。更精确地说,研究者发现单纯想象一个动作会激活与实际执行动作相同的神经通路。也就是说,想象某个动作与实际执行某个动作进行的脑部活动是相同的。

让我们回到那些学徒身上,他们并不需要明确的指导就能够学到复杂的技艺。但他们在观察工匠大师的动作的过程中不断精进自己的技能。现在运动模拟理论解释了这种情况的原因:观察的过程激发了他们大脑中的运动系统,就好像他们自己也完成了这些动作一样。运动模拟理论更令人着迷的一点是,它不仅描述了在脑海中发生的事情,也描述了在身体做出的动作。当身体在为完成这项任务做准备时,我们相关部位的肌肉会产生微小的神经兴奋活动。我们有时候会感受到这个微小的变化,有时则不会感受到。但只要我们观察或开始思考这个动作,我们的身体就会做好准备,提升完成这个动作所需的力量、速度,或对相关肌肉的掌控。学徒在建筑工地一遍遍观察、思考其他人的动作技巧时,这一现象就在持续发生。就像马尔尚所说的,身体的"运动系统从身体中获得理解"。运动模拟是模仿的核心机制,在这一情境中,它也可以说是学习新技能的核心机制。

现在让我们回到校园里,你的体操老师在教你做前滚翻的动作。他可能已经非常详细地解释了该怎么做,但是更有可能的是,他已经向大家示范了如何做前滚翻。即使对于一个有着良好沟通技能的成年人来说,用语言详细地描述前滚翻的连贯步骤也是很困难的。但是如果用身体来展示,就会变得很简单,也更容易理解,因为观看的人能够用他们的身体学习。如同运动模拟理论所展示的那样,仅仅是观看一个动作的行为就能促使身体做好行动的准备。做前滚翻动作已经在你的脑海中形成,当你站上体操垫时,你的身体已经准备好你接下来要做什么。

运动模拟理论帮助解释了观察是身体用来获取知识的核心。通过观察别人的动作，我们的大脑和身体协同工作，为我们接下来执行该动作做好准备。我们会调用大脑的神经通路，身体准备好进行刚刚观察的动作。运动模拟还解释了我们是通过身体来获取复杂的知识与技能，这也是我们不需要步骤的指导，或者通过死记硬背的方式获取知识的原因。

不过，大多数的知识与技能不是仅通过观察就能获取的，观察只是我们建立具身认知的第一个步骤。建立在观察基础上的学习需要花费时间，并且唯有通过大量的反复练习才能形成具身认知。

CHAPTER 5 | 第五章

# 练 习

对于那些我们必须学会才能做到的事，我们是靠边做边学成为掌握某一技能或具备某种素养的人。人们通过建造成为建筑工匠，通过演奏乐器成为演奏家。同样地，我们通过正义的行为，成为公正的人，通过有节制的行为成为有节制的人，通过勇敢的行为成为勇敢的人。

——亚里士多德（Aristotle），

《尼各马可伦理学》（*Nicomachean Ethics*）

## 如何骑车

我打赌你一定会骑自行车吧，这件事并不太难，并且一旦你掌握了，就永远不会忘记。但如果我问你能否解释一下你是"如何"骑自行车的，这件事就困难得多。你也许会说需要达到特定的速度让车保持平衡，或者一直踩脚踏板，让自行车保持直行……但是除了这些简单的说明，我想你很难再提供更多细节。

其实自从1817年第一辆类似自行车的脚踏车出现后，科学家们就在试图探究我们是如何骑车的。就像加利福尼亚大学的机械工程师蒙特·哈伯德（Mont Hubbard）所说，"每个人都知道怎么骑自行车，但是没有人知道我们是如何骑自行车的"。直到最近，科学家才知道是什么让骑行者在脚踩脚踏板时保持平衡。故事的核心是吉姆·帕帕佐普洛斯（Jim Papadopoulos），一位"失败"但是才华横溢的机械工程师的研究。20世纪80年代，帕帕佐普洛斯研究了30篇相关的已发表论文。这些论文旨在把自行车的几何原理和骑行的技艺联系起来。之后，帕帕佐普洛斯花费一年的时间推导出自己认为的自行车骑行法则，但其所属的康奈尔自行车研究团队却用光了所有的科研经费。帕帕佐普洛斯在仅发表了一篇论文之后，就被迫转向令他不满的教学工作。公众只得继续等待自行车骑行之谜揭晓。

直到20世纪90年代，帕帕佐普洛斯之前在康奈尔的合作伙伴安迪·鲁伊纳（Andy Ruina）开始与荷兰代尔夫特大学的学者合作，这让帕帕佐普洛斯之前的工作成果重新得到关注。一年之内，这三位学者共同推导出最后结论，并于2007年在韩国的一个学术会议上发表。终于，在接近两百年的困惑后，我们能用数学解释骑车这件事，而全世界的自行车总数估计已达20亿辆。

有了数学依据之后，科学家团队开始进行一系列更实际的实验，并发现自行车通过不断的尝试形成了使自行车可骑行的设计元素。其中一个元素就是"追踪"。自行车前轮能够像超市购物车的小脚轮那样，受到推动而转向同样的方向。科学家们还发现，掌握车把和身体的动作，尤其是前者对保持车身的平衡有很大的影响。研究发现，操作技巧至关重要，平衡自行车的基本策略是将车把转向你即将倒下的方向。

你或许早已知道将车把转向即将倒下的方向，但当你骑自行车时，你其实并没有真正意识到自己在做什么。转向即将倒下的方向是直觉的反应，大概率不会出现在你对如何骑自行车的解释中。回想我教孩子骑车时，也只是告诉他们"继续踩脚踏板。"

1869年，苏格兰工程师威廉·兰金（William Rankine）讨论了"逆操舵"物理现象。当骑手想要向右高速转弯时，可暂时性地改变车把的方向，右推车把，车身向右倾斜，瞬间会往相反的方向偏移，最后在更短的时间内完成向右转弯的角度。30年后，剑桥大学的数学家弗朗西斯·惠普尔（Francis Whipple）建立了一个探索骑行平衡的数学模型，用来探讨自身的平衡性，即自行车在向两侧倾倒时，如何自动恢复平衡状态。

其实我们并不需要掌握如此复杂的有关平衡、重力、动力的物理公式和法则就能够学会骑车。这证明我们可以在缺少原理解释的情况下学会某件事。相反地，正如大卫·琼斯（David Jones）在20世纪70年代《今日物理学》上发表的文章所述，即使一辆自行车在理论上是不可骑行的，人类也有可能驾驭它。通过不断地尝试和试错，大多数人都能掌握骑车的技能。骑车是实际体验，习得类技能并不依靠我们对如何做这件事的理解。我们学习骑车的方法就是实际去骑车。

我们发现，当骑车速度特别慢的时候，就会开始失去平衡，一旦加速骑行，车身就会平稳起来。在骑行中，我们的身体很快了解肢体动作、自行车、骑行速度、行驶路面状况之间的关系。起初，我们可能过度关注其中一个元素，为了保持平衡反应过度，最终摔倒。很快，我们学会减速转弯，开始摇晃时加速保持平稳，摔车的概率自然降低。自行车不再是独立于我们之外的机械，而成为我们身体的延伸。

代尔夫特大学研究团队发表的论文包含大量的公式和图表，解释骑行保持垂直的自行车几何学、力学原理及骑手动作。2011年，机器人学家山口雅彦（Masahiko Yamaguchi）设计出一个能够骑行微缩模型自行车的Primer-V2机器人。山口雅彦正是用这个平衡的理论让机器人在骑车的时候保持直行。他设计这个机器人是为了探究用技术模仿人类技能的可能性，并且这个探究也证明了简单的动作实践起来却十分复杂。例如说，山口雅彦设计让机器人停车的方式是用脚踩地，这个动作对我们来说是本能的反应，却是他设计中遇到的最大的困难之一。

山口雅彦设计出会骑自行车的机器人并不代表人类的能力因此逊色。事实上，设计Primer-V2机器人的动机之一，是想要一探究竟知识和实际技能之间的关系。正如骑自行车这件事反映的，有些事情我们虽然无法给出合理的解释，但却不影响它正常展现。我们可以在不了解背后原理或知识的情况下习得某项技能。

另一方面，骑车清楚地体现了我们能够掌握无法用语言描绘的知识。大多数人都会骑车，但我们没办法描述清楚我们到底是如何骑车的。科学家麦克·波拉尼（Michael Polanyi）对明确表达的知识与难以表达的知识之间的关系十分感兴趣，他称后者为"隐含知识"，意为"我们知道的比能表达的更多"。具身认知，例如骑自行车的技能，难于诉诸言语。

科学家花费大量时间探寻骑自行车的原理，但事实上骑自行车对我们来说却是一件非常简单的事情。小朋友在公园练习两个周末就能掌握这一技能，虽然技艺精进仍需时日，但骑车基本技巧是我们一旦学会便不会轻易遗忘的。然而，并不是所有技能都像骑自行车这么简单，有些需要大量的重复练习才能精通。

## 培养技能的环境

亚里士多德提及的"在建造的建筑师"和"在弹琴的演奏家"，是在表达"我们在做的事情会塑造我们"这一观点。一件事情做的次数越多，我们与这件事情之间的关系就越密切。会计师能熟练运用统计表格，咖啡馆的服务生熟练使用咖啡机，农民可以判断作物是否成熟……这些技能与他们的身份密切相关。这种相关性在匠人身上有更为明显的体现。

艾琳·欧康纳（Erin O'Connor）是一位社会学家，她出生于一个工匠家庭。在她本科的学术研究中，她关心人们是如何熟练掌握实际知识的，以及技能是如何形成和传递的。同时，她也在积极探索习得技能的两种方式即指导教学与做中学的关系。2003年她被曼哈顿大学新学院录取，这是美国少数以欧洲哲学为教学重心的大学。学生被鼓励沉浸于大量的20世纪早期、中期晦涩的欧洲理论之中。起初，导师要求她尽可能广泛地阅读，她还记得自己最初的学习计划是"理论、理论、理论"。但她很快意识到，阅读论文并不能帮助她理解制造者的体验，理解他们身处的环境如何影响技能习得的方式。虽然她的脑海中都是哲学家的理论，但工匠的世界仍然遥不可及，她领悟到，让自己成为匠人的学徒是理解技能的关键步骤。

为了获得更多实践体验而不仅是阅读大量的理论，欧康纳联系了纽约的一间玻璃工作室（New York Glass），工作室的课程主管告诉欧康纳，想要学习吹玻璃的话可以来参观。但是欧康纳解释说，仅参观是不够的，她希望亲身参与制作，学习吹玻璃的工艺。她告诉主管，"我想要自己尝试一下"。虽然课程已满，但是工作室同意欧康纳可以观摩，情况许可的情况下，她也可以撸起袖子参与进来。欧康纳之前在纽约州北部卡兹奇山的一家家具制造商参观时，感觉自己像是一个偷窥者一样，在外面观察，那是相当去身化的体验。这一次，她希望能有所不同。

"当门打开时，你会闻到空气中弥漫的木炭、煤尘、汗水，以及金属被灼烧的味道。"玻璃工作室的声音与玻璃制作的相关术语是欧康纳所描述的通感体验的核心。"不仅是玻璃熔炉的声音，还有人们聊天的声音，"

她回忆道，"吹玻璃是一项需要团队协作的工作，所以你能听到喋喋不休的声音与金属反复碰撞的声音。"她预想中会让自己记忆深刻的那些发光的熔化玻璃，反而是最没有印象的画面。

一进入玻璃工作室，欧康纳便被这里强烈的氛围感所震撼。她不认为自己是受到工作室的景象与感官体验的冲击，这种感觉更像歌曲《天下一家》（*We Are the World*）描绘的那样，工作室已成为存在于自己身体中的一个世界，而非自己进入一个新世界。

起初，欧康纳就只是在一旁看着，有同学缺席时，她便有机会参与进来。很快，她就不仅观察别人是怎么吹玻璃的，开始自己亲身尝试。她发现，虽然老师会指导她每一步的步骤是什么，但如何吹制玻璃的技能是在一个非常独特的环境中通过沉浸式和高强度的感官体验习得的。玻璃匠人是在高温、噪声与特殊气味弥漫的特殊环境中被培养出来的。就像玻璃匠人给玻璃塑型一样，玻璃工作室也在塑造玻璃制造者的身体，让他们学习如何将熔化的玻璃制成美丽的艺术品。

欧康纳说，吹玻璃很难。在学习基本的"挑料"这个技艺时，要用扫把一样长的中空的管子接住熔炉中的玻璃液体。玻璃制作者在做这个动作时，像我们从蜂蜜罐中取蜂蜜一样，旋转着汤匙把黏稠的液体裹在一起。这并不简单，因为吹管过程中可能挑出过多的玻璃液体或是挑错了方向。但是通过不断地重复，欧康纳做得愈加正规。渐渐地，她的身体好像知道该怎么做了。经过6个月的学徒生涯，她的"挑料"技艺虽然未完全变成本能反应，但是已经做得相当好了，是时候进阶到被认为是吹玻璃工艺中经典的入门测试环节：吹高脚杯。

从熔炉中取出玻璃液体后给玻璃塑型是一项更难掌握的技能。挑料步骤结束后，欧康纳要吹出容器的泡泡，但是玻璃液体成胶状，烫且黏稠，很难控制。欧康纳记得她的师傅艾伦告诉她，要学会"驾驭玻璃"，但她并不懂到底要如何驾驭。在塑型这一环节，需要一边防止玻璃液体滴落，一边旋转玻璃并同时用火钳给玻璃塑型。艾伦来到欧康纳身边，帮她轻轻调整了一下火钳的角度，在那一瞬间，欧康纳领悟了什么是驾驭玻璃。艾伦握着她的手腕轻轻一转，让"驾驭"这一指令拥有具体的意义，使动作的成效也发挥出来。

欧康纳回忆她的吹玻璃之旅，从即使做最简单的事情都会手足无措，到吹出第一个玻璃泡泡，她发现自己对所做动作的思考越来越少，而她的身体逐渐主导整个流程。她仍然记得她第一次意识到她在挑料完成后走向桌子时，手臂还在旋转吹管。她的身体知道该做什么，而这帮助她成为一名掌握具备吹玻璃技能的人。

欧康纳对于她习得的技能非常谦虚，她仍然对工作伙伴的技能感到敬畏。是他们帮助她从一个新手变成了一个有能力制作玻璃的人，更重要的是，让她身处再现制作玻璃技能环境的一部分。同时，她也意识到，培养技能是通过反复练习来实现的。从不熟练的学徒到大师的旅程是随着时间的推移而缓慢展开的。

## 通往精通的道路

2017年4月，休伯特·德雷福斯（Hubert Dreyfus）的去世是哲学界的巨大损失。作为海德格尔和庞蒂思想在美国的继承人，他是最早也是最清晰地对人工智能持怀疑态度的人之一。他对于计算机是智能的这一说法的怀疑源于他20世纪50年代在巴黎与其他欧洲思想家一起学习时受到的影响。德雷福斯认为，人类的学习方式和电脑不同，电脑学习的方式是收集信息片段，并将信息重新按照可预测的规则排列；但是人类是通过与周围世界的互动，并重复同样的行为获取知识的。

在德雷福斯的理论中，身体并不仅仅是我们体验世界的媒介，也是我们用来掌握技能的核心。他认为我们用身体来理解自己的处境，我们的身体通过行动来学习。身体对其行动的结果产生反应：它们吸收反馈，并知道为了得到相应的结果该做什么。德雷福斯还建立了一个关于技能习得的理论，在这个理论中，他认为指导或有意识的思考的作用会越来越小。这个理论被广泛应用于诸多领域，影响了例如人工智能、机器人、社会工作及护理等多种学科。

德雷福斯在法国的时光让他爱上了欧洲汽车，特别是他尤为钟爱的二手卡尔曼吉亚敞篷车（VW Karmann Ghia）。在所有他对于技能习得的描述中，开车是他最常用的例子。但是其他的所有实际的技能，不管是玻璃吹制、烹饪、航行或是看起来更容易些的下象棋，都符合他提出的从新手到专家的技能习得的模型。

在指导初学者时，帆船教练会将教学内容拆解为最简单的步骤。例如，教练会告诉你如何判断风的方向，讲解船身要尽量减少迎风行驶，否则会停滞不前。但仅学习这些驾驶帆船的基本知识不足以成为一名专业的航海者。新手需要结合情境，在实践中真正理解这些知识。

初学者经过一段时间的训练，会从简单地尝试一些基本的规则转变为思考如何应用所学知识，不管是从自己的体验中理解到的知识，或是老师的指导。初学航海者会记住："当靠近桅杆的帆开始拍打时，应该掌舵向下风向转向"，此时的这些步骤和指导是希望能够让初学者依照总结好的经验快速掌控现场情况，做出正确的反应。

学习者技能不断提升的标志是，面对一种情况，脑海中会列出多种解决方案。在这个学习阶段，学习者须关注不同情况出现时应注意的问题，并学会自我评估。因为每个人要面对不同的情况，并不是每一种情况都有一个具体的应对指南。例如，航海者需要学会应对突如其来的阵风，这可能需要他们松开控帆的缭绳，或者移动自己的重心来保持船的平衡。这里并没有一个处理问题的标准答案，航海者需要从经历与体验中学习最佳的应对方式。德雷福斯认为，正是在学习的这个阶段，我们需要更加关注自己的表现。老师和学习者会开始反思研究最佳的解决方案及背后的原因，之后面对相似的情境时，就会根据经验选择应对的方式。

参与感是技能发展的关键。这也是德雷福斯提到的技能习得阶段非常重要的一点："下意识的合理反应"，即随着不同情境、反应及结果的累积，学习者能够用直觉取代思考进行回应。当我们逐渐意识到哪些方式是有效的时候，正向反应循环也由此建立。

同时，也正是在这个阶段，我们从知道要做什么转变为知道为什么这么做，也渐渐地知道如何善用经验识别不同情境，并明白何种方式有效。例如，教练会告诉帆船水手，在顺风航行时，需要把自己的重心前移，这样就避免了船尾拖水产生的阻力。他人传授的经验会帮助学习者体会动作的变化对帆船表现的不同影响，也会尝试体验自己的身体姿态如何改变帆船的航行。

高手是那些能够看出问题所在，并坚持思考答案的人。他们不会像新手那样将问题分解成不同模块来解决，而是把它当作一个整体去面对、与它互动。他们面对的是这片水域上的这艘帆船、不同风况下的帆船、潮汐状况下的帆船。随着熟练度的提高，他们开始不需要用意识，而是仅凭经验就能够理解身处的环境。他们所掌握的技能是面对广泛的差异因素，识别特定的应对模式。

专家不仅知道需要做什么，还懂得如何把事情正确地做好。他们已经积累了应对不同情况的丰富经验，并知道哪些是有效的。专家的特征是面对问题能够迅速地做出本能反应。他们知道什么时候帆船是顺风而行，需放下风帆，使帆船重新得到控制。他们不需要思考便可完成一系列完整的动作。当然，有时候会同时出现多种情况，本能反应不一定是最合适的方式。但专家知道什么时候该慢下来，他们有能力去审视身处的环境，思考可以选择的应对措施。

随着我们经历技能习得的不同阶段，从新手成长为专家不仅获得了身份上的转变，还有一些事情在悄然发生：我们越来越少思考自己在做什么，只是单纯沉浸在做这件事中。我们没有意识到自己在操纵这艘帆船，只是觉得我们在与帆船航行。我们并没有把调节重心、转向、掌控船身等动作看作一个个独立的步骤，而是把它们当作一个整体。同时，我们也不再是解决单一的问题，而是完成完整的项目，自然、有效的反应贯穿整个过程。德雷福斯认为，只有当你不再思考自己正在做的事情时，你才能成为真正的专家。

当我们开始学习一个技能时，我们需要学习其背后的理论与规则，但是当我们逐渐掌握这个技能时，我们就不需要再思考理论与规则，而是可以依靠直觉在新的情境找到适合的应对方式，而这都基于经验的积累。德雷福斯认为，不依赖规则，通过识别环境应对正在发生的事情，是人类智慧的特征。他认为，在学习技能的最初阶段，我们需要规则的指引，随着时间的推移，我们渐渐放下它们，直到我们成为某一方面的专家，则不再依赖规则。当我们的身体知道该做什么时，我们可以说自己在这一方面已经足够专业。

# 思考与压力下表现失常

达到技能专业水准并不是终点，若要维持技能，保持进步，需要在心智与身体间建立特定的联系。在大卫·福斯特·华莱士（David Foster Wallace）的文章《罗杰·费德勒：一种宗教体验》（Roger Federer as Religious Experience）中，他回顾了网球世界冠军的比赛之美，思考何为"运动感"，在极速的连续动作中，控制身体和球拍的能力。运动感让费德勒能够在比眨眼两次还短暂的时间内回击对手打过来的球。职业的网球运动员需要击球上千次去精进这个技能，培养通过"感觉"来完成意识无法完成的事情。费德勒不需要有意识地思考下一步行动就可以做出反应的感觉，在我们自己已掌握技能的实践中也会有同感。事实上，在做事的过程中，不需要思考是很有用的，因为思考有时会阻碍我们的行动。

很坦白地讲，我的滑雪技术非常差。小时候自己没有真正体验过滑雪，通过我的表现也能看出确实如此。所有长大后才学习某项运动的尴尬情境，在我身上得到充分的体现。我很难精通滑雪这项技能，我的身体就是无法达到"本能地知道该做什么"的水平。在滑雪的最初几天，我的大部分时间都花在重新回到滑雪道上，我一直告诉自己："身体向地面倾斜"，"重心向下"。几天之后，大脑里自我指导的声音才能消逝，我的身体开始赢得掌控权。倘若遇到一些令人害怕或棘手的状况，我又会开始自言自语，给予自己指令。但这样做的效果并不好，当我真正遇到这样的状况时，思考得越多反而使处境变得越困难。

认知心理学和神经科学领域的大量证据表明，过度思考会对技巧的表现造成负面影响。站在一个特别惊险的滑雪道顶端，我亲身体验到研究所证明的"有意识地思考某项技能的知识，反而会影响你的表现"。在这种情况下，有意识的反思和熟练的表现呈负相关。

让我们再回顾一下德雷福斯技能习得的模型，以及他最重要的两个观察。第一个观察是，我们在技能习得初期会将整个过程拆解为单一的步骤，每次专注于一个部分的学习。在我们成为专家后就不再需要分步骤进行，或有意识地控制好每一个动作。研究表明，在熟练掌握技能后，过度在意每个元素和细节反而会影响整体表现。

德雷福斯的第二个重要的观察就是关于技能习得中语言的作用。在学习的初期，我们会接受老师的口头指导，或是进行自我提示，告诉自己"身体向地面倾斜"。这在一开始会很有帮助，但随着我们的技能慢慢精进，在学习后期，它们的帮助会越来越小。事实上，证据显示语言反而会成为进步的阻碍，降低表现水平，即"言语遮蔽"（verbal overshadowing）现象。在1990年的一项实验中，受试者被要求用语言描述模拟情境中银行抢匪的长相，结果表明，比起没有用语言描述长相的受试者，被要求描述长相的受试者反而无法识别抢匪的脸。以言语为基础的表征遮蔽了难以言喻的感知记忆。这一概念亦适用于活动技能方面。

研究表明，当我们在思考正在做的事情时，我们将任务整体拆分为独立的模块，不同的模块需要经过大脑分别处理。如此一来，不仅会降低反应速度，每个步骤之间的转换也会使犯错率增加。例如，当你提醒自己"身体向地面倾斜"和"重心向下"时，由于动作间衔接不顺畅，出现失误的概率增加。在学习初期，我们将任务整体拆分为步骤，在技艺不断精进后，我们就能以"整体"完成任务，若付出过多的注意力，并将行动语言化更是会把动作分成不同的模块，从而阻碍技能的掌握和表现。让我们以这一领域研究者最喜爱的高尔夫实验为例，进一步探讨其中的细节。

认知科学家西恩·贝洛克（Sian Beilock）和同事做了一项实验。他们要求有经验的高尔夫选手（高尔夫差点小于8）在两种不同的情境下做推杆动作。第一种情境，他们要求高尔夫选手要专注于自己的推杆动作，在停止向前挥球杆的那一刻，大声地喊出"停"。研究者称之为"专注于技能情境"。在第二种情境，他们要求高尔夫选手一边听声音一边推杆。音频中有多种声音，他们需要在听到嗡嗡鸣声时说"音调"。研究者称之为"双重任务情境"。

每个高尔夫选手有20次击球机会，将球从不同的位置和距离推进洞中，每个人都需要在专注于技能和双重任务情境两种情况下击球。实验结果很明确：有经验的高尔夫选手在注意嗡嗡鸣声的"双重任务情境"实验中表现得要比专注于挥杆何时停止的"专注于技能"的情境下好得多。实验证明高尔夫高手能够做到在进行其他任务的同时准确推杆，但在专注于正在做的动作时，动作反而不那么精确了。

这个实验显示出，即使是已经熟练掌握的技能，如果被要求专注思考自己的动作，反而可能会阻碍技能表现。这与压力下表现失常（choking）的类似研究吻合。这一现象是指压力使人们开始将一项任务拆分为独立模块，从而出现错误、干扰，让表现恶化。这些实验都显示出过度的思考会妨碍已熟练掌握技能的发挥。那么，如果是还在努力进步的新手呢？

在后续的研究中，高尔夫实验的研究者探讨了足球新手和高手跨障碍运球的表现。与高尔夫实验一样，球员也被要求在两种不同的情况下运球。第一种情境是专注于自己的动作，第二种情境是边听声音边完成动作。实验表明，新手球员在专注于自己动作时表现更好，而在跨障碍运球的同时专注于其他任务时，则严重影响到他们的发挥。而技艺精湛的球员则不会因为要同时执行其他任务而受到影响，因为已经对这个技能足够熟练，所以他们仍有富余的精力关注其他事情。日常生活中，受益于富余的注意力，我们能够一心二用，这种"知道该怎么做"的身体或许在人类进化初期就带来了某些优势。

尽管已经有大量的研究成果支持这一发现，但依然有人认为"专家可以不经过思考就展现特定技术"的观点既不精确又没有帮助。正如芭蕾出身的哲学家芭芭拉·蒙特罗（Barbara Montero）所说："芭蕾并非轻松自如：那些在芭蕾舞剧《仙女们》（Les Sylphides）中腾空的优雅少女，实际上花费很多时间进行跳跃练习。"她的意思是尽管舞者或运动员们所展现出来的动作看似毫不费力或不需要思考就能完成，但实际需要持久的磨炼、专注和自我剖析。同时，蒙特罗认为尤其在表现技能领域，达到专家的水准并维持高水平发挥，需要付出大量的时间、努力及练习。从新手到专家的旅程非常漫长，而世界冠军与顶级表演者始终认为自己的技艺仍有进步的空间。

研究者的实验结果并不说明我们一旦掌握某个技能就可以切换到身体自动导航的模式。虽然研究指出专注于每一个步骤会帮助新手习得技能，却影响高手的发挥，这一点并没有延伸至高手的其他类型的注意力。如果想要获得真正的成功，他们必须要有其他形式的专注力。例如，一个运动员会专注于评估自己刚刚完成的击球动作，非常注意对手的动作，或时刻确保自己全情投入。

澳洲板球运动员里奇·庞廷（Ricky Ponting）在自传中回忆起每次在自己接球之前，他都会对自己说三次"看球"让自己集中注意力。"唯一能让我保持大脑清醒的就是在每次接球之前给我自己指定一个思考的内容，盯着球。"庞廷说道，"我一般会说三次……第一次是起跑时，第二次是跑到一半时，第三次是在传球时。"庞廷是世界历史上仅有的在对抗赛中得分超过13,000分的四位球员之一，以高超的横甩与横压击球技术而闻名。很显然，当时速90英里的球在0.6秒的时间内飞到面前时，他的身体知道如何回应，但是他仍需要专注并提醒自己"看球"，以便帮助自己在复杂或充满挑战的环境中保持最佳表现。

$$\not\!\!\not\!\!\not\!\!$$

每当我们思考自己是如何掌握日常生活中的那些技能时，通常会认为核心是他人、书本或说明书的指导。指导的确具备一定的重要性，但也有一些其他特征，即它们是语言化的、分离的，且通常是有顺序的，例如"先做这个，再做那个"。然而，我们掌握一个技能之后，并不是按照分解的模块来操作的，而是流畅地以一个整体进行。除此之外，在熟练掌握技能的道路上，我们需要把收到的这些指令转换为非言语的知识，这些指令最终成为我们所做的事，而不再是我们需要遵循的规则。

当知识被内化为身体记忆的一部分时，便会愈加难以用语言描述。正如前文自行车的例子所示，我们可以掌握无法用语言描述的技能。从某种程度来说，当我们不需要思考就可以完成一件事情时，我们就可以称自己为这方面的专家了，并且在我们的技能达到一定的水准后，我们所掌握的知识远超过语言所描述的范围。当言语的表达与解释变得困难时，就需要采取其他的习得方法。这就是像玻璃吹制这样的技能更多地依靠身体参与、展示而非言语指导的原因。

具身认知的形成依赖于让身体去做它已经学到的技能，不需要心智过多的干预。不需要大脑直接的指令，身体也能很好地执行任务，而过度的思考反而会影响我们的表现。

# 文化的学徒

至此，我们已经讨论的大多是实用的技能，例如骑车、玻璃吹制、高尔夫。然而，学习文化运作的方式，或学习融入一个环境，不让自己格格不入，这类知识的习得也是以身体为中心，并遵循类似的模式。当学习的过程发生在特定的文化环境时，我们需要在超越规则之前，理解规则。

真实的物理与物质环境对于文化知识的习得与实践技能的发展都至关重要。正如在玻璃工作室学习才能够成为一名真正的玻璃制作工匠，沉浸于文化氛围中是学习文化运作方式的关键。文化理解也像掌握技能一样，例如学习在不同场合，知道应该如何应对。同时，学习怎样融入不同的文化环境需要了解不成文的礼仪或规范。文化知识与前文讨论的那些实际的技能一样，也存在模糊、难以言表的情况。向外国人解释英国错综复杂的阶级制度或许与向外行解释如何吹制玻璃一样困难，这两种知识最好还是通过体验习得。

获得具身认知的一个很好的例子是孩子社会化的过程。从孩童到成人的这个阶段需要他们不断获得特定世界的实践技能与文化知识。由此观之，孩子便是父母的学徒，父母则是其世界的专家。而当我们进入企业工作，身处陌生的环境或在异地旅行时，我们也会将自己视为学徒。新的环境会有其特殊的风格，在这个环境中的人自然带有特定的礼仪、习惯或价值观。正如德雷福斯所说，"文化风格的具身化与普遍性是如此明显，以至于我们难以察觉……文化风格属于内化知识，不会以理论或言语的形式呈现，而是以身体默默传递"。这些能力并非通过教导，而是需要通过练习，以及沉浸在特定的环境中的亲身体验习得。

学习文化的运作方式，以及如何适应文化，就像在学习骑自行车。一旦掌握它之后，你就不再需要思考如何操作，你能够面对变化的环境，凭直觉做出反应。正是人类这种不需要依赖规则指导就可以自主行动的能力，以及即兴发挥的能力，才显示出我们独特的智慧，而这一切的中心是身体。在下一章，我们将探索具身认知为何是我们应对不确定或陌生的情境的关键，并了解即兴的能力为何难以用复制的方式再现。

CHAPTER 6 | 第六章

# 即 兴

即兴体现了在瞬间的相遇中自由创造价值的力量。

——池田大作（Daisuku Ikeda）

## 人生棋局的中局

我们每天都活在现在进行时的时态下，每一天的生活都是无法预测的。这种无法预测的属性正是"即兴"这个词的根本。"即兴发挥"一词来自拉丁文"improvisus"，意思是非预见的。生活中有很多事情是我们没有预见，但需要做出回应的，"人生如棋"就是对生活，以及我们如何应对生活的最好比喻。

加里·卡斯帕罗夫（Garry Kasparov）一生的大部分时间都躬身在棋盘前，用握紧的拳头支撑着他的下巴。因此，当他说出"棋盘是人生的缩影"时也不足为奇。尽管他质疑擅长国际象棋等同于智商较高，他并不是唯一一个用下棋来思考智力，以及人们如何处理陌生情境的人。

人生与棋局的类比之所以具有吸引力，原因之一是两者的复杂性。在64个棋盘格上排列32个棋子似乎并不困难，但开局后，一切陡然变得错综复杂。在双方各自移动后，棋盘就有400种可能的排列方式。在第二步后，会出现197742种可能。第三步之后则是1.21亿种可能。信息论的提出者克劳德·香农（Claude Shannon）推测可能的棋局总数达10的120次方（香农数），即10后面有120个0。总而言之，国际象棋是选择繁多的复杂游戏，因而是我们研究即兴，以及需要哪些知识才能做到即兴发挥的一个很好的切入点。

在听国际象棋的赛事解说时，我们经常会听到一些走法的名称，例如"王翼印度防御"或是"布达佩斯弃兵"。这些都是国际象棋的开局或对开局防御的例子。在《牛津国际象棋指南》（*The Oxford Companion to Chess*）中就列出超过1300种不同的布局。开局中对双方最有利的走法有20到25步。优秀的国际象棋选手会全部记住，他们能够迅速识别对方的走法，并做出相应的反应。

在开局的前期，当棋子的移动变成一种特定的布局时，棋手可以依据对于这个布局的了解走出最有利于自己的一步。接近结尾，棋盘上剩余棋子不多时，棋手经常是通过记录在残局库中的走法来下棋。残局库是一个计算机化数据库，包含对国际象棋残局位置的预先计算和详尽分析。比赛的开局和残局依循的如果不是法则，就是共享、被认同的棋谱。

当出现偏离棋谱的"新步"时就象征"中局"的展开。这时，棋手必须在没有棋谱的情况下进行，因为每场棋的中局都是独一无二的，没有人能记忆棋局的所有可能性。太多的选择使得中局的选择范围十分广阔，但是计算机能够基于一个简单的逻辑来处理这些选项：最好的一棋是在对手做出最好的反制后，你将自己放在了最有利的位置。什么是对手最好的反制？那就是在你做出最好的反制后，将对手置于最有利的位置的一棋。那么你或许会接着问："我最好的反制是什么？"就是在对手做出最好的反制后，你处于最有利的位置。这些问题循环往复，在数学领域则称之为"递归"。

在1997年的棋局中，卡斯帕罗夫被IBM的"深蓝"计算机击败。深蓝非常强大，搭载了定制的微处理器，每秒可以分析处理2亿个位置信息。但是，即使有如此强大的分析不同棋局可能性的能力，在面对数学的递归时仍然不够。根据香农的计算，如果要算出棋盘上所有的可能性，需要花费$10^{90}$年，这可能比宇宙存在的时间还久。所以说，国际象棋计算机并非为探索每种可能性而设计。电脑设计者会删减计算机需考虑的走法选项，让电脑的运算能力聚焦在最可能产生有效回应的部分。

删减也是人类棋手在做的事。优秀的棋手会把自己的注意力聚焦在必要的部分，运用自己识别棋盘布局的能力，判断身处的情境。像卡斯帕罗夫这样的职业棋手每秒钟可以分析三步棋，与计算机相去甚远，所以对于他们来说，把注意力放在棋盘正确的部分和需要注意的问题上是非常重要的。他们也许没有国际象棋计算机的运算能力，但是他们有了解局势、识别棋盘布局、探索选项可能性的能力。在1973年威廉·蔡斯（William Chase）和赫伯特·西蒙（Herbert Simon）的文章《国际象棋的感知》（Perception in Chess）中，他们对国际象棋大师进行了探索，将职业棋手的表现描述为一种感知技能，在下棋的过程中，他们可以识别和回忆棋盘的布局。在文章中，他们估计，国际象棋大师基本掌握了5万至10万种棋盘布局，这种积累能够帮助他们无须遍历所有的可能选项，就能走出一步好棋。

"深蓝"计算机打败卡斯帕罗夫是一个里程碑式的事件，卡斯帕罗夫在比赛开始时对自己充满信心，但是比赛结束后觉得自己让人类感到失望。几十年来，国际象棋一直是计算机科学家努力的重心，希望计算机能复制甚至超越人类下棋的能力，最终他们成功了，这是一个重要的时刻。国际象棋计算机的出现彻底改变了整个游戏，人类的直觉智慧不再是计算机运算能力的对手。但棋手们在中局面对崭新的棋盘布局时，依旧展现着即兴发挥的能力。

卡斯帕罗夫退居二线后，新星棋手开始登上舞台。瑞典棋手马格努斯·卡尔森（Magnus Carlsen）年幼时就展现出极高的天赋，以他为原型的纪录片《马格努斯》（*Magnus*）描绘了他从一个早熟但不太稳定的棋手，成长为一个泰然自若的冠军的故事。他的惊人之处在于超乎常人的直觉。他本人也在文章中提到，"你无法在每一步之前预测你的直觉"。在2018年伦敦的世界国际象棋锦标赛上，卡尔森对战美国选手法比亚诺·卡鲁瓦纳（Fabiano Caruana），卡尔森以精湛的技艺在有限时间里赢得了胜利。在快棋加赛中，棋手不仅要与对手对战，更要与时间对战。在此情况下，卡尔森能够快速地理解眼前的局势，并做出回应。

将人生与国际象棋做类比对于理解生活颇有启发性。例如，人生和棋局一样，开局总有既定的公式可循。想想我们生活中不同的社交互动，不管是在酒吧见朋友还是在工作场合见客户，又或者是家族聚会，都存在标准的开场和符合社交礼节的程式。但是开场结束以后，人与人之间的互动就会朝着未曾设计的方向展开，然而，我们不需要停顿或多加思考也能做出回应。但是生活和棋局又大相径庭：国际象棋是在一个可控的环境下，遵循着简单而固定的规则，但生活并非如此。我们生活在人生的中局，没有这样的规则，在采取行动前，也没有经过严谨的分析。

之所以国际象棋计算机能够打败人类，是因为人类无法像计算机那样在短时间内计算如此大量的数据。当我们把国际象棋计算机和新兴的、更复杂的、下围棋的人工智能系统相比时，就会发现国际象棋计算机的开发是非常具有指导意义的。最初的国际象棋计算机和现在大部分的国际象棋计算机都是建立在以规则为导向的模式上的：它们计算处理所有可能的选项，找到最佳的回应策略。20年前打败卡斯帕罗夫的计算机与现在的国际象棋计算机最大的不同是，IBM计算机是计算机科学家与国际象棋大师专门为了击败卡斯帕罗夫而设计的，如今的电脑运算能力更强，而尺寸却与我们查看邮件、社交媒体的设备一样小。

但是，当谷歌旗下人工智能企业深脑团队的人工智能系统阿尔法围棋在2016年打败18届围棋世界冠军李世石时，人工智能系统靠的便不再是单纯的运算能力了。围棋是技巧型的棋盘游戏，双方各执黑、白两种颜色的棋子，最终在棋盘上占有更多领地的一方获胜。虽然听起来好像很简单，但是相比于国际象棋，围棋有更多的步数。围棋有$10^{360}$种棋盘变化，国际象棋只有$10^{120}$种。想要设计出一款能够击败人类围棋选手的围棋计算机，深脑团队需要使用不同于国际象棋计算机的设计思路。若要是像国际象棋那样评估每一步的可能性，所需的时间会超过宇宙的预期寿命。

阿尔法围棋运用"蒙特卡洛树搜索算法"（Monte Carlo tree）选择下一步棋的走法。它通过机器学习来掌握知识，在与人类棋手和其他电脑下棋的过程中不断学习和训练它的人工神经网络。一旦达到一定的熟练度，深脑团队会采用强化学习来改进系统。阿尔法围棋所走的每一步棋都会因为其结果的不同而受到"奖励"或"惩罚"，系统会根据它们所得到的反馈，创造取得最大奖励的策略。在所有生物体中，我们几乎都能看到这一类型的强化学习，当你奖励乖乖吃晚餐的小朋友，或禁止他们拿着勺子在厨房乱泼食物时，你就是在运用强化学习的策略。

事实证明这种方法是奏效的，阿尔法围棋打败李世石产生了与19年前"深蓝"打败卡斯帕罗夫时相似的反响。但是相比之下，深脑团队的胜利并不在于比对方更快速地处理更多的可能，而是真正使机器学会了下围棋，并下出了看似错误实则精彩的棋。在第一局的第102步，阿尔法围棋走出了一步让赛事评论员、计算机工程师震惊的棋，它走出了令人完全意想不到、人类棋手永远不会走的一步。赛后分析显示，这步棋展现了机器对围棋策略的全新"理解"，这一步被评论为"超越人类"，在围棋2000年的历史中未曾见过。

⚡⚡⚡

在阿尔法围棋击败李世石后，深脑团队开始研发"阿尔法围棋零"（AlphaGo Zero）系统，这个版本将在不输入人类智慧的情况下，独立学习围棋。除了规则之外，系统一开始对围棋一无所知。詹姆斯·萨默斯（James Somers）在《纽约客》（*New Yorker*）中评论道："系统核心的算法十分强大，我们将人类最丰富、研究最为深入的棋赛规则交给它，在同一天的晚上，它就能成为有史以来最强的棋手。"

国际象棋和围棋都是复杂的游戏，尽管开发速度不如预期，如今计算机已经在国际象棋和围棋两个领域击败世界顶尖选手。然而，在我们否定机器时代的人类智慧之前，仍需要思考国际象棋电脑下棋的方式与人类不同，它们是通过理解规则，在分析所有的可能性后，选择最佳的一步。它们的胜利来自搜索能力与计算速度，难以称之为"智能"。而阿尔法围棋和"阿尔法围棋零"就更趋近于智能的定义，它们的胜利来自于一种与电脑运算方法本质上不同的方法，其运行的方式更接近人类智慧的运作。

不过，我们还需要意识到的是，阿尔法围棋的操作环境与人类的真实世界是完全不同的。国际象棋和围棋虽然复杂，但都是在固定环境下操作，棋盘永远是同样的大小，规则也简单。这是一个非常完备的信息环境，双方都知晓此前发生的事情，并共同决定棋局的未来走势。虽然国际象棋计算机依靠以规则为基础的程式与运算取胜，但阿尔法围棋和阿尔法围棋零的成功依赖模仿人类的学习方式，从经验中学习。在经历过无数次的练习后，它们学会了识别最有效的走法。

我们生活在持续变化、更加流动、难以预测的环境中，我们不像国际象棋比赛中对弈的双方一样拥有完备的信息环境。虽然我们能用规则化的描述解释我们的生活，"我每天早上坐6点45分的那趟火车出发"或"我们家都会周末聚餐"，但生活也不会依照规则进行。即兴发挥的时刻总是比遵循脚本的时刻多。无论我们是在谈话还是吃饭、运动、做饭或开车，我们都在随机应变。我们每次的购物体验不同，交通和天气状况每时每刻都是独一无二的，司机无法掌握每一位路人的信息……当我们开车时，路上总有很多变数。所以，如果想要开发一个能处理复杂真实世界环境（例如路况，充斥着大量不同的信号与突发因素）的计算机系统，是非常困难的。

## 为什么制造一辆自动驾驶汽车如此困难

2018年11月，在得克萨斯州奥斯汀举行的"西南偏南"（South by Southwest）技术展会上，谷歌自动驾驶团队Waymo的总裁约翰·克拉夫西克（John Krafcik）在上台发言时发布了一个重要讯息。克拉夫西克宣布Waymo汽车在短时间内不可能大量上路。Waymo并不是第一个承认这一事实的自动驾驶汽车团队，但它无疑是地位最高的。谷歌是最先公开投入到自动驾驶汽车研发中的公司之一，比其他公司的投入时间都要长，而克拉夫西克所说的"真的、真的很困难"无疑是这家科技公司非常人性化的自白。

当然，怀疑者指出按照之前的设想，我们会有的飞行汽车，如今尚未出现。本田汽车的高管曾经承诺会在2020年奥运会前推出自动驾驶汽车；福特公司也曾预测在2021年将会迎来全自动驾驶汽车，但是福特的总裁吉姆·哈凯特（Jim Hackett）也承认"业界对自动驾驶汽车的到来过度乐观"。各大汽车公司如今都收回承诺，只有个性鲜明、直言不讳的埃隆·马斯克（Elon Musk）仍然相信，全自动驾驶汽车在将来出现是有可能实现的。

汽车公司对于自动驾驶的研发投入巨大，聘请了世界顶尖的计算机科学家、机器人学家和工程师，但他们距离成功还有很长的路要走。正如克拉夫西克在他的演讲中所说，也许制造第5级自动驾驶汽车是一个根本无法完成的事情。第5级自动驾驶即一辆车可以在任何的道路、时间、天气与状况下自动行驶。如果你询问在这个领域工作的人，大概有一半的人认为第5级自动驾驶可能在有生之年达到，另一半的人则认为永远不可能实现。但他们达成的共识是，这是个棘手的难题。

那么，研发自动驾驶汽车为什么这么难呢？第一，就像克拉夫西克提到的，天气原因。之所以这么多自动驾驶汽车的研发都在加州，并不只是因为加州是科技之都，还有一个非常重要的原因就是加州的天气大多晴朗稳定。暴雨、冰雹、雪天和雾天都会让自动驾驶汽车的传感器失灵。雪会掩盖道路上的标记。第二，道路原因。虽然道路看起来不会有太大改变，事实却相反。牛津大学的学者对英格兰一条近十公里的道路进行了长达一年的研究，得出的结论是这条路可变性非常高。其中的一个小型环岛位置移动了三次，路边的植物也一直随季节变化投以路面不同的光影，路旁停着的汽车也以多种方式停在不同的位置。所以他们的结论是，道路是一个高度变化的环境。

自动驾驶汽车的运行依赖"看"的能力，以及精密的三维道路地图，标示出十字路口、车道、分岔路和道路设施等。然而，对真实世界做如此详尽的描述的成本很高，而且覆盖所有这辆车会使用到的所有道路，需要花费大量时间。

研发自动驾驶汽车之所以困难，其最主要的原因是道路上会有司机开的车、行人与骑自行车的人。这使得整个环境变得复杂且不可预测。最主要的问题就是学习如何识别、理解和预测这些人当前和未来可能采取的行动，只有能够识别并应对这些可变性和不确定性的自动驾驶汽车才是安全、成功的。

当你在开车的时候，你可能很少考虑到与其他车辆看似最单纯的互动，实际情况有多复杂。当你开到一个路口遇到一辆看起来要转弯的车时，你是如何利用这辆车或者司机的动作来判断他下一步要做什么？你又是如何做出回应的呢？在这个过程中有许多事发生。或许是你与这个司机有眼神的接触、肢体语言的判断，抑或是用手势让对方知道可以前进。双方都在观察对方的动作，判断当下的情况。这类单调的互动只需要一至两秒的时间，司机几乎不用思考，这是人类智力与行为在日常生活中展现的奇迹，难以精准解释。

开车在理论上是一个很安全的活动，据估计，美国约每1.6亿公里的行驶距离，会出现1次死亡车祸。这样的数据如果出现在自动驾驶汽车也可以接受，但要达到这样的安全水平，我们还有许多努力的空间。自动驾驶汽车重现我们开车时所展现的技能是极为困难的。更重要的是，汽车需要把在特定的道路环境下掌握的技能运用到各种道路环境。能够在科罗拉多凤凰城那宽阔、网格状、阳光充足的大道上安全驾驶，与能在罗马拥挤、无序的街道上行驶，完全是两码事。

我们行驶的每一公里都有数千种选择和可能的情境。想象一下，你正在一条高速路上疾驰，前方一处大型垃圾突然进入了你的视野。是纸板箱的残余物，还是更重、更危险的东西？如果是前者，继续前进可能没问题，但如果不是，则需要采取行动。你将会如何回应？这个问题很难回答，因为在当下的几毫秒内你会考虑很多其他的事情，例如天气状况、汽车在路上的感觉、车后方的情况，或者其他车道是否有足够的空间等。

大脑并没有为那一条路、那一瞬间、特定天气与路况，以及路上突然出现纸箱的情境做好设定。但我们知道应该如何做出反应。除了驾驶经验之外，几乎没有什么可以让我们为突发的事件做好准备，但我们却能够流畅而迅速地做出反应。我们在开车的同时，从容应对无法预测的事件，是因为我们能够即兴发挥。

重现即兴的能力是自动驾驶汽车设计师面临的最大挑战，他们无法写出自动驾驶汽车应对各种情境的算法。正如研发探索火星表面设备的机器人专家马克·伍兹（Mark Woods）所说，设计一款适用于特定环境中表现稳定的机器人就已经很难了，而在不断变化的环境中则是另一个问题。他指出，"世界的可变性是问题所在，你无法对它进行完全建模"。苹果公司的联合创始人史蒂夫·沃兹尼亚克（Steve Wozniak）对此表示认同："我们误导了大众，让大家误以为自动驾驶汽车会像人类大脑一样，理解新事物。"

自动驾驶汽车的开发者已经解决了大部分的硬件难题，例如光学雷达在商店就能买到。对于开发者来说，最大的挑战就是写出可以让汽车完成人类擅长的三种行为的代码。第一，感知。在这辆汽车周围的情况是什么样的、车子在道路上的位置、它与周围物体的相对位置，以及这些因素如何随时间变化。第二，预判。这些物体接下来会做什么，哪些信号预示着它们接下来的行为？第三，计划。根据对汽车周围情境的掌握，以及对周围可能发生的事件的预判，计划汽车的下一步行动。

人类在驾驶汽车时所展现的这三个特质——感知、预判和计划，正是自动驾驶系统需要掌握的技能，并且必须能够应用到不同的情境中。因为我们没有办法提前准备好自动驾驶汽车所能遇到的所有情况，所以开发者采用另一种方法：他们尝试搭建能够展现人类即兴特质的自动驾驶系统。那么，我们又是如何得到这样的能力？

FiveAI的软件工程师杰米·克鲁克香克（Jamie Cruickshank）认为，在我们学习开车之前我们就已经在培养我们这样的能力。虽然他提到的是大脑，但是他谈论的是更广泛的，与身体、感知、空间意识相关的能力。

在我们18岁可以申请驾驶证之前，就已经有17年的时间学习和理解空间概念，我们现在研发自动驾驶汽车，就是想将这些拆解，从零开始让机器掌握这些知识。在拆解的过程中，我们发现，人类大脑所做的许多我们认为理所当然的事情，实际上是难以有效解决的难题。

克鲁克香克的观察发现了这一难题的关键问题所在。自从人工智能开发以来，人们就意识到人类展现的模式识别能力难以复制。模式识别指的是对物体的辨识和理解，它和人类的感知及人类如何解读感受密切相关。模式识别是人工智能研发的核心，任何有用的人工智能都必须具备这项能力。模式识别能力对于研发安全的自动驾驶汽车至关重要，自动驾驶汽车必须能够判断周围的情境。

以最常见的街道举例。街道充斥着各种形式的物体与信息——动物、人类、路标、交通信号灯、道路标记等。计算机系统需要了解每个物体是什么、在哪里，然后才能预测它们下一步可能会做什么并计划如何响应。这种人类的感知能力和人类的空间意识能力并不容易复制。为了能像人类一样理解自动驾驶汽车周围的世界，自动驾驶工程师们开发了新的摄像头和传感器系统，并试图将它们整合，形成对周围道路的统一视图。

格式塔学派对庞蒂的感知观产生了重大影响，按照格式塔学派的心理学家所说，人类做事略有不同。他们认为，我们的感知不是零碎的感觉输入的积累，而是以整体的形式出现，所以说，很难将其拆解成各个组成部分再逐一进行深入的分析。我们所感知的是街道这个整体，而不是单独分析街道的每一个孤立部分。它就像一段音乐：因为是一个整体，每个音符才有意义，而不是由单个可识别的音符叠加构成整段旋律。正是因为我们将世界视为一个有意义的整体，所以我们的模式识别能力格外强大，且难以复制。

机器人学家罗德尼·布鲁克斯（Rodney Brooks）曾经建议道，"世界的最好模型就是世界本身"。他指出，即使是最精密的自动驾驶汽车，它对于世界的建模仍是不完备且受限的，所以无人驾驶还是会出问题。复杂且难以预测的现实世界，让系统的研发很难突破。这也印证了与人工智能相比，在未来的很多年内人类与他们的具身认知依然占有优势。

## 决策

加里·克莱因（Gary Klein）的职业是研究决策的制定。他最著名的一个研究是探究美国的消防指挥员在面对复杂又危险的情境时是如何制定决策的。在这个研究中，克莱因和他的团队对于消防员在面对极度不确定的情境和非常紧迫的时间下如何做决策非常感兴趣。极度不确定的情境与紧迫的时间让消防员没有时间去评估自己的选择。通常情况下，我们都会在决策前权衡、比较、分析备选方案，最后再做出决定。克莱因和他的团队认为消防员或许并非如此。

　　研究显示，消防员的抉择并非通过不同方案的比较，而是凭借直觉。面对是否撤回建筑物中的队员、是否展开救援任务或继续扑灭火灾等决策时，消防员使用模式识别的能力来理解情况并做出判断。克莱因认为，"消防员可以利用他们超过十年的真实或模拟的经验，确定一个理想的方案"。克莱因团队惊讶地发现，消防指挥官本能地知道建筑物何时会倒塌。他们可以"读懂"预示的信号，敏锐地感知线索并做出相应的反应。消防指挥官能够预测火焰会如何在建筑物中蔓延，注意到房屋倒塌的迹象。他们知道何时需要额外的支援，并做出其他关键性的决策。区别于分析型决策，克莱因将这种决策的模式称为"识别启动决策"（recognition-primed），识别启动决策的核心，是根据经验快速辨识情境的能力。

　　当然，在火灾现场这样高压的环境中快速做出决策并不是常见的情境，因此克莱因团队将研究的范围延展到其他情境，例如危急病症护理、军队与国际象棋对弈。有的决策可能需要几天的时间，有的则仅需几分钟，决策涉及的人数也有所不同。在所有的这些环境中，他们发现了同样依靠识别启动决策，但经验仍在决策中发挥着重要作用。对于不同情境的经验不足的决策者，没有足够的资料库参考，会花费更多的时间用于分析。克莱因的研究还表明，当可用数据具有非感知性，由抽象的文字或数字构成时，或当决策者未来可能需要为自己的决策辩护，例如在公共政策或商业策略辩护中时，决策者会更倾向于采用分析型决策。

　　同时，克莱因指出，识别启动决策未必是最好的策略。分析型决策有其适合的领域，两种方法同时使用的方式也十分常见。然而，他认为在面对时间压力或瞬息万变的环境时，识别启动决策的适应性更强。克莱因的结论是，经验的累积带给我们识别环境与形势的能力，减少无益的选项，做出合理的反应。身体是感知能力的中心，也是此类决策的核心。

当我们开车时，感知能力给予我们对周围环境的识别能力是显而易见的。然而，即便直觉的决定可能是对的，必须要注意的是，人类是容易犯错的。如果我们不使用分析或思考的能力，仓促做决策，很可能会出现失误。虽然我们驾驶汽车时发挥着感知力、情境识别能力与决策能力，但也无法保证万无一失地驾驶。

我们在日常生活中展现着非凡的即兴能力，虽然我们对技能的各项要求已经很熟悉，还是必须决定该说什么，或该如何回应。我们需要弄清楚应使用哪方面的具身认知，选择可能合适的动作、回应与行为。当我们面对时间压力，必须此刻下决断的时候，即兴能力就会发挥得更出色。我们会尝试一种回应方式对特定情境是否有效，如果效果不佳，我们会做出调整，以便在下次面对类似情境时以更好的方式应对。

人们往往认为即兴发挥是国际象棋大师、爵士音乐家或脑外科医生等专家或天才的专利，因为他们往往能够面对新的情况作出正确的直觉反应。但其实，在我们普通人的平凡的日常生活中，也有许多即兴发挥的时刻。

CHAPTER 7 | 第七章

# 同理心

人类与其他动物的不同之处在于，人有模仿的本能，也是通过模仿获得最初的知识。

—— 亚里士多德（Aristotle），《诗学》（*Poetics*）

## 感到衰老

在森林间的小径骑山地车时，我远远跟在11岁儿子的后方，突然意识到自己比以往更害怕跌倒。因为跌倒会让身体与自尊心受伤，我刻意在下坡转弯时放慢了速度，这时儿子已消失在视线中。与此同时，我意识到自己老了，我因为衰老而恐惧，这恐惧与我的反应密切相关。我最近开始戴变焦眼镜，这使我的衰老感更加强烈。

对我的儿子而言，我可能老了，但相对于这个快速老龄化的世界来说，我还不算太老。47岁或许是中年，但绝对不老，幸运的是，我很健康。然而，我在森林中的顿悟带给我另一个启示。我早期的职业生涯在一家专注于为老龄化人口提供技术的研究创新实验室工作，我用5年的时间探索人们的老龄化经历。接近尾声时，我觉得自己已经很好地理解了衰老的感觉，以及不同文化背景的人对年老的体验。但直到十多年后的今天，我才突然意识到，情况可能并非如此，唯有自己的身体机能正在经历衰退，我才真正体验衰老的过程。对身体变化的感知，让我理解生理与心理层面的衰老。

2008年，美国建筑师大卫·迪拉德（David Dillard）也有类似的体悟。面对全球金融危机后经济活动的放缓，总部位于达拉斯的D2建筑的创始人迪拉德需要为75位年轻建筑师寻找有意义的活动。他有了一个想法：他将典型的老年健康问题赋予他许多员工。他先"诊断"一人患有早期失智，"给予"另外一位年轻员工膝盖置换手术。第三个年轻员工被告知她正在从中风症状中恢复，必须坐轮椅。接着，迪拉德采取措施确保员工和自己能够感受衰老带来的视力与行动力的局限。"把手指绑在一起是第一步。"他回忆道，"这让我了解了关节炎带来的限制。"迪拉德和他的员工从早到晚待在老人之家。他们将这个计划称为"过夜计划"。

美国65岁以上的人有4500万，其中数百万人生活在专门为老年人设计的社区、老人之家或护理中心。其中一些感觉更像是酒店，而非疗养院，但许多都迎合了年长者和体弱者的需求。迪拉德的公司现在专门从事此类社区的设计，但在2008年时，他的员工负责的建筑项目十分多元，而在设计年长者居住的项目时，他们没有相关经验。迪拉德希望弥合对衰老理解的鸿沟，于是在经济衰退时安排40名员工，花费24小时到疗养院拜访老人。员工带着自己"被诊断出"的症状、空白笔记本，以及从他人的角度体验世界的意愿感受衰老。

迪拉德的团队收获了一些重大的发现。一位建筑师因为膝盖置换手术必须坐轮椅，他以工程师专业的术语记录着"单膝仅有平常50%的承重力"。但实际的情形让他震撼。他开始意识到平常从未想过的事："我开始注意到材质的转变，在通过房门时，人们会用较重的家具当扶手，如果没有家具，就需要靠墙。"他了解到，当建筑物体本身没有给长者提供所需的支撑时，他们就会"扶着家具前行"。

"过夜计划"完全颠覆了设计师此前的认知。他们谈论着自己对长者的假设，而在亲身使用那些洗浴设施时，才真正体验到长者自尊受损。其中一位设计师谈到自己在众目睽睽之下，被推到医疗"沐浴站"。他回忆自己的身体被抬过浴缸时的恐惧是以往的攀岩经历都难以与之相比的。他终于意识到，对于那些行动力真正受限、身心都十分脆弱的人来说，这样的体验一定很难受。"当你真的亲身体验了长者的感受时，环顾四周，就能同理这个社群和成员的情绪起伏，了解他们到底在经历些什么。"

迪拉德知道，除非亲身体验，否则年轻的设计师和建筑师无法知晓长者居住在他们设计的空间中是一种怎样的体验，只有通过"过夜计划"才能真实地感受衰老。他明白我们无法通过阅读或沟通共情他人的生活，必须用身体体验他人的世界。在这一章，我们将讨论身体与同理心的关系。

## 什么是同理心

近年来，人们对同理心的关注度越来越高。在2008年的美国总统竞选活动中，当时还是候选人的贝拉克·奥巴马（Barack Obama）就经常将同理心不足视为国家正面临许多挑战的原因。然而他并不是第一个提出这个观点的政治家——再向前推十年，比尔·克林顿（Bill Clinton）和希拉里·克林顿（Hillary Clinton）都曾提到同理心缺失的问题。在2013年《大西洋月刊》（*The Atlantic*）的一篇文章中，记者罗伯特·赖特（Robert Wright）甚至说道："世界唯一也最重大的那个问题就是，个人或群体都没能从其他人或群体的角度看待世界。我所说的同理心不是对他人的痛苦或情绪感同身受。我谈论的是人们理解他人观点的能力。"

赖特对问题的诊断可能是正确的，但他并没有提出解决问题的方案，还假设了我们不用"感受"他人的生活便可以理解他人的观点。这是因为同理心时常被人们认为是由心智而生，而非身体的体验。它首先被理解为一个心理问题，而非生理问题。

同理心概念的产生可以追溯到经济学家亚当·斯密（Adam Smith）1759年的著作《道德情操论》（*The Theory of Moral Sentiments*）。他认为人类有一种与生俱来的能力，可以"与受苦者换位思考"。直至1909年，"同理心"（empathy）一词才在英文中出现，是由当时的美国心理学家爱德华·铁钦纳（Edward Titchener）以希腊语empatheia（意为"在其中"及"受苦"）为词根创造的。

学者谈论的同理心通常有两类：认知同理与情感同理，两者区别很明显。认知同理心是从对方的角度看待世界的能力。然而，当你具有情感同理时，你表现出的是你能够识别、体会他人对当下状况或环境的情绪感受。例如，你会希望葬礼承办人或教区牧师表现出认知同理心并理解你的悲伤，但如果他们表现出的是情感同理心，或许并不能给予你需要的帮助。虽然亚当·斯密所说的同理比较接近现在的"同情"，但重要的是，你可以不用深有体会就能够同情某人的处境或情绪状态，例如悲伤。正如作家罗曼·柯兹纳里奇（Roman Krznaric）讨论的同理心的概念，即我们可以把同理心理解为"在想象中站在对方的立场上，理解他们的感受、观点，并以此引导你的行动"。

研究表明，同理心在许多社会都呈现集体下降，美国和西欧尤为严重。例如，刊登在《人格与社会心理学评论》（*Personality and Social Psychology Review*）的一项面向美国学生的研究指出，1979年到2009年间，美国学生的同理心水平下降了48%。与其他复杂的社会现象一样，这背后有许多原因，其中有三个原因值得一提：个人主义、距离、过滤气泡。

首先，正如柯兹纳里奇指出的那样，西方世界越来越倾向个人主义。我们被鼓励专注自己，重视自己的感受和情绪。这不仅是另一个心智战胜身体的例子，也反映自恋文化，在这种文化中，自我是最重要的，他人的经历、需求或现状被忽视。

经济学家兼记者凯恩克罗斯（Frances Cairncross）在她1997年的著作《距离之死》（*The Death of Distance*）中指出，互联网、大众传播、电子媒体的普及冲淡了地理、时区和边界的重要性。事实上，她颇具争议的看法大概对了一半。世界的联系的确变得更加紧密，但边界与地理带来的影响仍然很重要，任何难民或民粹主义政治家都会证明这一点。尽管网络的发展让人与人之间的联系方式更加多样化，但距离仍然是理解与同理他人生活的最大障碍之一。这种距离既是空间的，也是社会的；不管网络让沟通变得多么便宜、便捷，都无法让人们真实接触。《群体性孤独》（*Alone Together*）的作者雪莉·特克尔（Sherry Turkle）认为，网络使我们感觉更亲密，实际又让我们更疏远。除了空间和社会的距离，我们还受到时间的距离影响。试想我们无法同理未来时代如何对抗全球变暖。正如柯兹纳里奇在为环保组织地球之友撰写的文章中所说的，我们无法充分理解自己当前的行为对孩子将来的影响，更不用说我们永远不会遇到的后代子孙。

"过滤气泡"（filter bubbles）指的是我们每个人就像是生活在气泡里，所接收的来自特定渠道的新闻、观点、信息都只是在加强我们已经认可了的观点。虽然我们的世界充斥着越来越丰富的信息，但过滤气泡让我们始终无法确定，自己接收的信息是否因为自己的身份和价值观受限，我们看到的只是真相的一面。越来越多的社交媒体和网络利用算法推荐与自己立场一致的新闻和观点，这让我们生活在信息偏狭的世界的风险加大。唐·德里罗（Don DeLillo）1985年的小说《白噪音》（*White Noise*）中的一个角色就打趣道："对大多数人来说，世界只有两个地方：他们的住所和他们的电视机。"如今这句话依然很有道理，只不过电视换成了智能手机。个人主义、距离、过滤气泡这三个问题彼此牵连，使得人们无法做到站在别人的角度思考问题。

我们今天理解的同理心的概念来自心理学，许多相关的解释也是心理学导向的。但也有充分的证据显示，身体是我们体验、理解他人生活的核心。

## 什么是感受

当我骑着自行车沿着森林小径疾驰时发生了什么？很明显，当时的我感受到了恐惧。随着速度的加快，我的感觉从陪孩子玩耍的愉悦转变为恐慌。我感到自己的手握紧了车把，额头也渗出了汗珠。这种反应表明身体表达了我所感受到的情绪。

这种看待事物的方式，笛卡尔身心二元论的产物，自19世纪70年代开始受到挑战。威廉·戴维斯（William Davies）写道："许多研究开始检视人类和动物的身体，认为身体可能揭示心智活动。"这类挑战中，影响最深远的是美国哲学家和心理学家威廉·詹姆斯（William James）在1884年《心智》（*Mind*）发表的论文《何为情绪》（*What is an Emotion*）。詹姆斯提出疑问，当我们跑着躲开熊的时候，我们到底是因为害怕而逃跑，还是因为逃跑而感到害怕？比较明显的答案是，我们感到害怕所以逃跑，但詹姆斯认为这是错的，我们因为逃跑而感到害怕。

传统观点认为，无论是恐惧、愤怒还是悲伤，情绪都会引发身体的表达。我们因为害怕而奔跑，因愤怒而颤抖，因悲伤而哭泣，生理反应随着情绪而来。但是詹姆斯对此并不赞同。他指出，当我们感知到某些东西时，例如可怕的动物或失速的登山车，我们的身体对此会先有反应，起鸡皮疙瘩或出汗，然后生理的改变造成我们感受到的情绪。所以詹姆斯认为，情绪的状态并非来自心智，而是来自身体。詹姆斯提问：

> 如果心跳没有加快，呼吸没有变浅，嘴唇没有颤抖，四肢并未感到无力，身体没有躁动，那么恐惧这种情绪还剩下什么？如果一个人没有满脸通红、鼻翼扩张、咬紧牙关、暴力冲动，只有麻木的肌肉、平稳的呼吸和平静的表情，你还有可能想象他处于愤怒的状态吗？

詹姆斯认为，如果没有这些身体上的变化，感受就只会停留在认知层面，"完全局限于理智的层面"。他越是思考这个问题，就越相信那些我们通常认为的情绪表达和结果才是任何情绪或感受的中心。他得出的结论是，不会有脱离身体表达的情感。就像上文提到的那样，如果一个人的身体无法对情绪做出一个生理上的回应，那么这个人将会被束缚在一个没有情绪的生活之中，只是纯粹地生活在认知或理智层面。詹姆斯通过分析情绪的具身性质，得出了一个深刻的结论：区分情绪带来的感受和由其他感官（例如嗅觉和味觉）带来的感觉是错误的。

我很容易回想起在森林间骑车的感受，但如果没有让自己重新进入相似的情境，或是无法让身体体验相同的速度，就很难重新体验那种感受。身体与情绪的联结有着至关重要的影响。首先，它意味着如果没有身体的参与，很难对事物产生情绪反应；其次，如果没有身体的参与或投入，我们无法获得感受。

詹姆斯认为身体塑造心智。他写道："吹口哨壮胆不仅是一个比喻。另一方面，如果你整天闷闷不乐、低头叹气、对所有事情都以悲观的方式回应，那你就会笼罩在挥之不去的忧郁中。"近期认知和神经科学的研究，用19世纪后期哲学家无法做到的方式证实了身体确实能够影响我们的思考和感受。当我们看到有人郁郁寡欢、情绪低落时，对他说"抬起头来"的帮助或许比我们想象的要大。

认知科学家西恩·贝洛克（Sian Beilock）在著作《身体了解心智》（*How the Body Knows Its Mind*）一书中探讨了詹姆斯的这一观点。研究表明，詹姆斯所说的"如果你拒绝表现你的激情，那么激情就会消失"是正确的。肉毒杆菌是用来去除脸上细纹和皱纹的一种常见工具。在欧洲的一项研究中，他们招募了重度抑郁症的患者，并在他们的眉毛上方和下方注射肉毒杆菌。这是一项双盲测试，有一些人接受的是安慰剂，有些人接受的是肉毒杆菌的注射，同时医生并不知道哪些人接受的是何种措施。六周的时间里，接受肉毒杆菌注射的患者中，有47%的人的抑郁症状减轻了；而注射安慰剂的患者并没有明显的改善。注射肉毒杆菌不会给患者的复杂心理问题带来缓解，但是能够看出皱眉会让你难过，而通过缓解皱眉的情况是能够改善你的实际感受的。我无意用如此简化的说法降低心理健康问题的复杂性，但皱眉似乎真的会让人难过，也有类似的研究得出了类似的结果，肉毒杆菌可以帮助你微笑，而微笑能够给你带来快乐。

这些研究表明，我们的身体在向大脑发送感觉的信号，我们允许自己表达怎样的情绪，决定了我们的感受。在詹姆斯之前，查尔斯·达尔文（Charles Darwin）在他的《人类和动物的表情》（*The Expression of the Emotions in Man and Animals*）一书中也探讨了这一问题：

> 情绪若能向外自然流露，则会使情绪强化；相反地，如果压抑外在表现，我们的情绪就会弱化。如果展现暴力行为，就会提升愤怒，如果不去控制恐惧的表征，就会体验到更深层的恐惧。

如同达尔文、詹姆斯的论点，以及认知学家和神经科学家的研究所证明的那样，身体是情感体验的核心，那么我们该如何理解他人的感受？身体在理解他人行为、动机与内心世界中又扮演着怎样的角色？

## 镜像映射

20世纪90年代初期，意大利帕尔马的一个实验室找出探索这类问题的新方法，那里的一组研究人员正在对恒河猴的大脑进行神经生理学实验。这些科学家的发现与詹姆斯的理论及庞蒂等现象学家的工作有相似之处。更为重要的是，这些发现帮助我们了解身体如何塑造思考，如何理解他人的想法和感受。

与其他许多重大的科学发现一样，它的出现也围绕着传奇的故事。一位研究助理午餐后在实验室享受意式冰淇淋。当他舔着他的冰激凌时，一只猴子正在注视着他，联结动物大脑负责动作编排区域的电极显示，这个部分的神经很活跃。午餐前，贾科莫·里佐拉蒂（Giacomo Rizzolatti）团队正在进行猴子脑部的研究，观察它们伸手拿花生，然后放入口中时的脑部活动，让团队惊讶的是，猴子看助理吃冰激凌时脑部亮起来的区域，与它们自己吃花生时的完全相同。

这一观察结果表明，猴子大脑中的神经元在它执行一个动作时被激发，而当它只是在看别人执行类似动作时，神经元同样也会被激发，仿佛它们观察的同时，大脑也在上演相同的动作。因为执行动作时的神经元活动模式与观察动作时的神经元活动模式相同，里佐拉蒂的团队将这一发现称为"镜像神经元"。

猴子在大脑中镜像了人伸手拿食物的动作，此时它的大脑活动与自己抓水果时的相同。批评者提问：这意味着猴子理解了其他人的行为，还是它只是意识到了别人在拿香蕉的动作？团队进一步的实验探究猴子在没有看到动作发生的情况下是否理解动作的含义，它们的大脑又会发生什么。团队推断，"如果镜像神经元真正意味着理解，那么猴子的大脑活动会反映这个动作的意义，而非动作的视觉特征"。基于此，他们设计了两个测试。

首先，他们在猴子面前撕下一张纸，然后只播放撕纸的声音，并不执行动作。猴子能够看到撕纸动作并听到声音，与猴子只听到撕纸的声音时，产生的神经元活动是相同的，这让他们得出结论，猴子能够理解听到的声音。在确定这一点之后，他们进行了另一项实验。这次他们向猴子展示一名研究人员在拿起一块食物，然后立起一块屏幕遮住，所以猴子需要猜发生了什么。当它只能想象研究人员在屏幕后面拿起食物时，脑部的神经元活动与亲眼看见时的相同。

下一步则是证明人类镜像神经元的存在，团队通过一系列使用电生理监测设备，记录大脑电波活动，并进行一系列实验。在得到镜像神经元可以理解观察到的动作的结论后，团队想要弄清楚镜像系统除了能够让我们理解他人在做什么之外，是否还能让我们理解他人的感受。

想象一下，你看到一个人对难闻的气味做出厌恶的表情，撇了撇嘴。我们能在认知上"阐述"我们所看见的，并推断他人的感受。我们的大脑进行逻辑推理，不需要情绪的参与。

镜像机制的存在则提供额外的补充解释：当我们看到某人感到厌恶时，这种感觉信息会被映射到大脑，引发感到恶心的生理反应，这是一个直接映射，因为镜像神经元的存在，我们与被观察者体验同样情感程度的厌恶，或者是像里佐拉蒂所说的，"观察者与被观察者有着同样的神经机制，因而产生直接的经验性理解"。这个解释与传统上冰冷的逻辑推演的说法不同，而这个解释本质上是说，我们感知其他人情绪的方式，是在自己身上启动相同的情绪状态。我们看到他人经历与自己相同的体验时，镜像神经元就会启动，这意味着当我们说"我对你的痛苦感同身受"时，可能是真的。

意大利研究团队的发现被誉为是解开"我们为什么及如何能够与他人共情"这个古老问题的关键。著名神经科学家维莱亚努·拉马钱德兰（Vilayanur Ramachandran）将镜像神经元称为"共情神经元"，因为正如他所说，"这些神经元似乎正在接受另一方的观点"。拉马钱德兰认为，这些神经元通过提供特定机制，能够消弭人与人之间的藩篱，让我们与其他人产生同感。他和里佐拉蒂都认为，镜像神经元解释了我们如何理解他人的想法和感受。

然而，镜像神经元理论的前提是，唯有相似的经历映射到大脑的相关区域后，我们才能建立情感的桥梁。如果我们没有经历过，即使我们识别出对方的感受，因为大脑没有储存相关的信息，我们仍无法感同身受，完全同理对方。当我们谈论到同理心对于社会健全的重要性，及缺乏同理心的危害时，镜像系统帮助我们理解了为什么体验他人的生活与环境对于真正理解别人的感受来说至关重要。同理心的基础是共通的经验，唯有体验过他人的经历，才能够真正理解他人的感受。

由于镜像神经元主要与大脑内的动作系统相关，而镜像映射的概念没有包罗所有人们处理、存储和应用他人信息与社会情境的信息，所以有些人怀疑这一理论应用范围的局限性。其他研究者也提出问题质疑这些神经元是否能被归类为特定的细胞种类。但是，镜像神经元被认为对解释一系列的人类特性至关重要，这一概念被许多学科采用，试图揭开人类的许多谜团。

其中一个谜团就是人类是如何学习的。例如拉马钱德兰声称，镜像神经元是4万年前人类创造力"大跃进"的主要原因。虽然人类大脑在25万年前就已经进化为和现今相似的大小及容量，但当时人类在语言、工具的使用，以及艺术的创作方面出现了爆炸式的发展。拉马钱德兰认为，镜像神经元让我们读懂他人意图，进而发展出关于他人心智的复杂理论，是当时文化蓬勃发展的原因。同样地，他认为这些神经元赋予了我们模仿他人发声的能力，推动了语言的发展。由此，拉马钱德兰解释为何通过镜像神经元读懂他人想法与模仿学习的能力，是人类文明快速发展传播的核心原因。

亚里士多德在他的《诗学》中观察到"人类与其他动物的不同之处在于，人有模仿的本能，也是通过模仿获得最初的知识"。镜像神经元的存在表明了亚里士多德的观察是有科学依据的。非人类的哺乳动物并没有同样的高度发展的模仿能力，模仿行为很少出现在猴子身上，在黑猩猩和大猩猩等类人猿中也相当有限。但对于人类来说，模仿是人类学习、分享技能、语言与文化的核心机制。简言之，情感与知识的交流都依赖于模仿，而镜像神经元为模仿行为作出引人入胜的解释。

## 身体间的交流

镜像神经元在很多层面上让我们无须通过语言就能够与他人建立联系，因此镜像理论毫不意外已被多个领域采用，尤其是在探索人与人的交流方式中得到了很好的应用。这种交流不只是一对一的传播，也涵盖群体传播。

人们倾向于认为传播以口语为主。就像我们因心智在人类智慧相关理论具有极高的重要性而将大脑看作处理抽象信息的电脑，同样的道理，传统的传播理论关注的是大脑处理声音、文字符号的能力。但数十年来，身体在语言、传播相关研究中的重要性逐渐提升。

虽然一些研究人员认为量化传播过程中口语交流和非口语交流的比例并没有什么意义，但有些研究者正在这样做。心理学家迈克尔·阿盖尔（Michael Argyle）估计，超过65%的面对面交流的信息都是通过非语言方式表达的。野边修一（Shuichi Nobe）声称，有多达90%的言语谈话都伴随着手势。心理学家杰弗里·贝蒂（Geoffrey Beattie）认为，手势是传播的核心，它与用文字表达的语义信息来自大脑的同一区域。如果你觉得这听起不太合理，试想一下你在用手机通话时，是否也会在房间里走动，即使对方看不到，你也会用各种手势传达意思，即使是天生失明的人，也会在说话时使用手势。因此，不论传播过程中口语交流和非口语交流各自的占比是多少，很显然，我们在与他人交流时不仅会使用文字，还会使用手势、动作、表情。

指挥家西蒙·拉特尔爵士（Sir Simon Rattle）是身体交流的大师。对于任何一位指挥家来说，双手都是关键，但拉特尔能够让观众感觉到整个管弦乐团是他演奏的乐器。他是如何控制着一个乐团超过80位音乐家，以及他们演奏的20多种不同的乐器呢？在排练期间，指挥会用语言与乐团交流，但在演出现场指挥家只能通过身体和指挥棒与音乐家进行非口语的交流，从而表现出他想传递的音乐特征与感受。

指挥家有时会通过身体动作模仿他们正在指挥的音乐。例如，在演奏进行曲时，他们也会表现出激昂的情绪；演奏摇摆乐时，他们则会跟着舞动。其他时候，他们可能会通过弯曲膝盖、倾身、弓起肩膀暗示乐团轻柔演奏。指挥家善用面部肌肉，可以做出大约1万种不同表情，通过手势和面部表情，指挥家能够展示出无法用言语和文字表现的微妙情绪。当拉特尔带领他的乐团演奏音乐时，你会发现指挥棒在他的演出中是无关紧要的。正如一位乐评家所写，他的肢体语言显然与乐团演奏的音乐相联结："轻松是拉特尔音乐语言的关键，他的肢体语言也反映了这一点。他在指挥台带着微笑，感情充沛地传递着他对音乐的热爱。因而他指挥演奏的音乐听上去很舒服、充满自信，带着人性的温度。"

观众席中没有指挥，但观众经常表现得好像有人在他们中间指挥一样，同时欢呼，一齐鼓掌。为了回应周围的热度，观众会提高掌声的音量，或是几乎在同一时刻停止鼓掌。对于这个现象，有三种相互关联的思考方式。第一种借鉴自然界的规律，第二种借用镜像映射的概念，第三种则来源于心理学家对社会认知概念的研究。三者归结为一个论述：对于同理心与共情能力来说，身体的参与至关重要。

## 产生共鸣的身体

1656年，荷兰物理学家、数学家及天文学家克里斯蒂安·惠更斯（Christiaan Huygens）发明了摆钟。惠更斯致力于设计能够让水手精准定位经度的时钟。这项尝试的成功给世界贸易带来非同凡响的意义，惠更斯也很快地拿到了他的发明专利。1665年，在给父亲写的信中惠更斯提到了一个令他感兴趣的观察。他汇报说当时他卧病在床，在床上他看到两个挂在墙上的时钟，他观察到的是，两个时钟的钟摆在以同样的频率摆动，并且他发现，如果这种同频被破坏了，它们也能很快恢复，重新建立和谐的摆动频率。这种同频的现象在19世纪晚期被证实，科学家发现管风琴中相邻的音管会发出一致的声音。人们在自然界注意到这种同频现象已有几个世纪，这一现象被称为揽引作用（entrainment）。萤火虫会和其他的萤火虫一起同步闪烁，两个相近的人心跳的节奏会渐渐同步。最壮观的同步景象是一大群椋鸟同步起飞，在空中盘旋。

　　在讨论音乐时，揽引作用时常被提及。比较早期的理论认为，听者的大脑会计算音乐的节奏，从声音中提取信息然后将信息转化为动作，比如脚跟着节奏而动。近些年来，心理学家开始将音乐节奏性的动作看作是揽引作用的体现，在听音乐的过程中，"听者内部的律动与外部环境的律动同步"。因此，现场听音乐的观众也在用身体解释着我们常说的"被音乐感动"。

　　揽引作用是一种物理现象，需要人与人或与其他生物之间存在联系或是共鸣。镜像映射同样依赖这样的生理要素，才能在观察他人时在大脑中重现他们的动作。正如意大利镜像神经元研究团队成员维托里奥·加莱塞（Vittorio Gallese）提出的，"当我们观察他人的行为时，我们的运动神经系统会与观察到的行为'产生共鸣'"。正是我们身体与他人身体之间的共鸣，让我们可以觉察到他人的情绪，也正是这种共鸣将指挥家、管弦乐团、观众联系了起来。

　　如果拉特尔爵士的动作和表达由镜像机制传达给观众，那么每位观众又如何知道音乐带给彼此的影响呢？观众的回应又如何塑造每个人的情绪状态呢？具身认知的理论，正在用大量的证据挑战传统理论解释这一问题。具身认知的理论认为，当其中一位观众看到他人微笑着享受拉特尔爵士的演出时，他就会拥有相同的感官体验。他甚至可能会作出回应，或许是向对方投以微笑和温暖的目光。而传统的理论认为这种体验的信息通过抽象的、象征性的形态存在于心智。

　　相反，具身认知的理论认为，知识不仅以抽象的形式存在，也包含部分储存在身体中的感官、运动神经或反省状态。换句话说，感官的刺激不仅会导致产生认知状态，还会带来身体状态的改变。并且因为镜像机制的存在，感知他人的状态会让我们自身产生共鸣。因此，当其中一位观众的情绪以身体的形式呈现出来时，会自然影响其他观众。

像打哈欠这类日常行为就是很好的例子。我们看到他人打哈欠后，会不受控制地自己也想打哈欠，并开始感到疲累。笑声则是另一种形式的传染。小朋友可能会更加清楚，当教室里第一次出现咯咯的笑声时，便自然会有更多的笑声加入进来，因为打哈欠和发笑本身是极具感染力的身体状态。

$$\lightning\lightning\lightning$$

科学表明理解他人不只是心智的过程，也必须依靠身体。而如今，随着线上教学、视频会议、虚拟现实聚会的广泛应用，身体渐渐从人际交往中淡出。既然揽引作用和身体间的交流都需要真实的现场环境，才能读懂他人的心理状态及当下的氛围，那么在数字化的世界里，我们会错过些什么呢？

新型通信系统的设计师正投入大量的精力以提高系统中音频与视频的保真度，并且这些系统通常还包括辅助的沟通渠道，例如聊天功能。虚拟现实系统的设计师则专注于使系统上的虚拟人物尽可能逼真，努力提高虚拟人物面部特征的表现力。现在，有很多的技术员意识到，人类面对面的互动取决于眼球运动、头部运动、手势与姿势的巧妙组合。其实，人与人之间的交流依赖于身体互动带来的全面感知，所以仅仅靠提高视频质量或辅助功能并不会使虚拟交互像现实互动那样提供足够丰富的信息与体验。表情符号可能是一种有用的反馈方式，但它不具有与现实互动同程度的传染性。正如我们所发现的那样，心情与感受是身体上的，因此，虚拟的通信系统永远是有限的，它无法使地理上分隔的人产生亲身会面的感受。

$$\not{z}\not{z}\not{z}$$

曾经的主流观点认为共情他人是心理或认知的过程，如今新的解释认为共情需要依赖身体，我们的情绪状态并不只来自心智，也源于身体，因为我们的运动系统、感官系统与认知系统之间存在着密切的联系。因为感受是具身化的，而不只是内在的一种心理现象，所以这解释了为何我们可以很容易地感知他人的感受。如果我们将情绪视为一种外在的身体状态，那么就能清楚地解释为什么我们能够敏锐地感知现场的气氛。

我们通过体验获得的感受与情绪，和在场周围人的感受紧密相连。由此观之，当人们真实地在一起时，会产生情感共鸣。镜像映射的概念帮助我们理解我们如何理解他人的感受，身体的共鸣理论解释了在同一现场我们如何分享感受，人与人之间的心情与感受的感染力证明了体验具身化的本质，我们身体首先产生共鸣，心智与情感随之跟上。

我们通常会从心智的角度解释如何理解他人的感受，希望自己能够做到感同身受，但想要真正做到从他人的角度看待具体问题，便离不开身体的参与。身体深刻地影响着我们理解、记忆这个世界的方式。

CHAPTER 8 ｜ 第八章

# 记忆力

---

我们的身体变成了什么？存在于风景中的记忆？

——奈特、麦克法迪恩（Knight and McFadyen）

---

如果身体是体验与感受的中心，那么它也是我们储存与唤起知识的中心。即使没有读过马塞尔·普鲁斯特（Marcel Proust）的《追忆似水年华》（*In Search of Lost Time*），你也可能听说过作者的回忆之旅，一切都从拿起那块浸了茶的玛德琳蛋糕开始：

> 带着点心渣的那一勺茶碰到我的上颚，顿时我浑身一震，我注意到身上发生了非同小可的变化。一种舒坦的快感传遍全身，我感到超尘脱俗，却不知出自何因……突然间，往事浮现在我的脑海。那是我在星期日早上吃玛德琳蛋糕的味道，我来到莱奥妮姑妈的房间道声早安，她总是会给我一块浸了茶的玛德琳。但在我品尝之前，这块小小的玛德琳蛋糕并没有唤起任何回忆。

"普鲁斯特时刻"（Proustian moment）一词指的就是感官的提示，熟悉的气味或者味道触发了记忆。在《追忆似水年华》的七卷书中有很多类似的事件，每一个都细腻描述了普鲁斯特当时的感知与记忆，每一个都反映了感知与记忆之间重复而持久的联系。普鲁斯特意识到，记忆不只存在于大脑，也存在于身体中。

　　传统上大家会认为大脑就像档案柜或是存储记忆、知识的硬盘，知识存储在身体中的想法与之背道而驰。但著名心理学家罗伯特·爱泼斯坦（Robert Epstein）则认为："无论脑科学家和认知心理学家怎样努力，都不会在人类大脑找到贝多芬的第五交响曲，或是任何文字、图片、语法规则，以及任何类型的环境刺激。当然，人的大脑并不是空空如也，但它并不包含人们认为它包含的大部分东西，甚至连'回忆'这样简单的东西也没有。"

　　那么，如果说大脑并非直接储存记忆的地方，我们可以怎样用身体解释回忆或记忆的过程？我们又应该如何区分身体所拥有的不同记忆类型呢？

　　对于学术界来说，记忆不只是认知现象的想法早已不是一个新鲜的议题。"肌肉记忆"概念的广泛使用证明了身体可以在不需要意识思考的情况下存储知识。当我们运用肌肉记忆时，身体本能地知道应该怎么做。

　　平常所说的肌肉记忆，形容的是在特定情境下，自然而然、不需要思考或者回忆就能够做出准确动作的能力。学术界将这类记忆称为"程序记忆"（procedural memory），因为它允许我们自动执行特定程序或技能，并不需要考虑如何进行到下一步。

　　这种无意识但精确行动的能力时常展现在日常生产中，程序记忆并非极具天赋或是经验丰富的工匠、赛车手的专利。我们每天系鞋带、散步、弹钢琴或者在键盘上打字时，肌肉记忆都在发挥作用。这些技能被称为"感觉运动"，因为它们依赖于感官感知与动作的协作。正如第五章"练习"所述，我们是在实践中不断学习的。我们可以把肌肉记忆理解为理查德·舒斯特曼（Richard Shusterman）曾提出的"沉积习惯"（sedimented habit）。一件事只要我们做得越多，就会越熟练，身体越熟悉使用的工具或身处的环境。由此，经验就会一层一层地在我们的身体中沉积下来。更科学的解释是，当我们执行这些技能时，运动模式会记录在大脑的中枢神经系统，因此，可以将肌肉记忆视为肌肉习惯与大脑神经网络的强有力组合。

穿衣服、系鞋带、刷牙都是程序记忆的例子。生活中的大部分事情虽然会涉及更复杂的活动，但依赖于相同的记忆形式，我们应该感谢程序记忆保证了效率，为我们带来更好的结果呈现。例如，键盘前的作家能够将其注意力集中在行文和措辞上，而不用花时间控制手指在键盘上敲击的动作。由此观之，如果身体知道要做什么，就不需要集中精神在正在做的动作本身，而是关注能够让我们获得更大效益的行动。

一个知道该怎么做的身体与大脑结合会更高效，但也可能造成伤害。一方面，这可以帮助人们在面对急剧变化或陌生的环境时，专注当下的工作；但另一方面，针对火车司机的一项研究表明，对任务的高熟悉度，可能会导致司机注意力不集中，引发不可挽回的后果。

肌肉记忆不仅适用于实用性的技能，还有其他值得探讨的方向。肌肉记忆并不仅仅是指不假思索地执行动作的能力，它还关乎身体的记忆能力，例如身体是如何记住自己所处的位置、同一地点曾发生过的事情，以及当时有怎样的感觉。

## 全身记忆

普鲁斯特通过一块玛德琳蛋糕唤起童年的记忆。玛德琳蛋糕独特的香气和味道，触发记忆的感官知觉以及我们对于世界更广泛的感知都来源于身体。我们看到的、感受到的世界都是从身体的角度出发的，用舒斯特曼的话来说，身体给予我们一个"原始点"（primordial point），也就是我们在世界中的位置。实验表明，当我们在环境中穿行时，我们能用无意识的注意力形成环境地图；而当我们刻意记住周围环境时，心理的地图可能会更清晰。

试想一下你来到一个陌生的超市会发生什么，置身于一个新的环境会令人感到些许不安。水果和蔬菜可能还是在超市的入口，但是其他的布局都和你熟悉的超市大不相同。平常的话，在你经常逛的超市里，你会在一列列的货架间闲逛，找到你想要购买商品的位置，然后不经过思考就把需要的东西从货架上拿走。因为你逛过太多次这家超市了，所以这些动作就已经固定下来，无须特意关注就能够注意到细微变化，例如有些东西不在它该有的位置上。这些都是因为我们会记得身处环境的感觉。

身体的感知正是记忆的核心所在，但这不单纯是视觉上的观察，它包含所有的身体感官。米和面的区域离冷藏区近，让人感到丝丝凉意；越靠近烘焙区温度就越舒适，空气中弥漫着诱人的香气。我们所有的感官都在工作，构建周围世界的多维地图。我们光临同一个超市的次数越多，就越能为超市地图补充更多的细节。其实，帮助我们建立仿真世界模型的并不仅仅是我们熟悉的五种感官，还包括我们的第六感——本体感受。这是我们对于身体位置和动作的感知，它让我们在身体层面深切知道自己身处何方、周围的环境如何。当我们在超市时，本体感知就很有帮助。这种能力可以帮助我们迅速完成那些乏味或不情愿的事情，例如家务活，并且让我们在完成这些事情时不必花费大量的精力。

身体在记忆中还扮演着更有意义的角色，身体的记忆能力同时反映我们与他人之间的关系。例如，你是否总睡在床的一侧，但是外出过夜时发现自己睡在配偶的另一侧，就觉得有点不太对劲？和伴侣走在一起时，你是否总以相同的姿势、固定地走在对方的一边，这样能给你更多的安全感和幸福感？这是因为情绪植根于身体，身体的姿势都含有情感的维度。我们的感受和我们采取的姿势相连，且身体和感受之间的这种联结会随着时间强化。

无论是对某种食物的味道的记忆，还是对某个地方的气味的记忆，都会因为身体的感官被唤醒，不需要任何努力，就可以回忆起那个人物、地点或时刻。正如感官的感知能触动回忆，文化知识也存在于身体。

## "体"现身份

尽管法官、警察和护士所穿的制服是他们身份的重要组成部分，但制服并不是这些人传达自己身份的唯一方式。这些人物角色都有专属的特性，在被视为"真正的"警察前，需要将这个角色具身化。

一位训练有素的警官可能知道自己必须遵守的法律和准则，但重要的是他需要用身体维护公共秩序的权威。警官培训不局限于了解哪些是合法行为，哪些是必须遵守的程序，还需要掌握在危险的情况下应该如何采取措施。法国社会学家马塞尔·莫斯（Marcel Mauss）在论文中记录了他在医院的体会：

> 我在纽约生病了。我想知道我之前是在哪里看到过其他像护士那样走路的女孩。因为卧病在床，我有很多时间来思考这件事情。最后我意识到应该是在电影里见过。在我回到法国之后，我发现这种走路的步态其实很常见，尤其是在巴黎，法国女孩都这么走路。事实上，通过电影，美国人走路的神态来到法国。所以我得出一个观点，走路时，手臂和手所处位置不仅是个人心理状态与风格的体现，也反映了一种社会特质。

莫斯的洞察来自对走路姿态的观察，在论文的其他段落，他反思了英国和法国不同的行军风格。当然，行军是士兵通过在阅兵场上数小时的练习而习得的技能，而走路是我们在成长早期习得的能力。莫斯问他的读者：有没有一种可能，我们的走路方式并不单单是个人风格的问题，同时也是更广维度的文化层面的产物？他认为，我们通过身体的姿态、举止，显现着我们的文化，或是像前文提到的警察一样，反映专业价值。

莫斯认为，身体不只是血肉与骨骼的拼接，而是文化知识的信息库，传递着文化知识。获得某种职业身份不仅需要学习技能，更要打造合适的身体。警察不只是告诉你哪些是合法行为的行走的法律百科，他们的制服和他们训练过的身体也是法律和秩序的体现，而他们的训练就是为了打造能体现警察权威和价值的身体。人类学家马克·伯谢尔（Mark A. Burchell）曾在皇家海军部队接受了长达32周的训练，后以研究者的身份继续进行研究。他注意到所有训练设计的目的，就是要"拆解"年轻男子的身体，并将他重塑为一名士兵。之所以将身体训练视为培育一名优秀士兵的核心，是因为身体也是海军身份的核心。伯谢尔提到，他们与军队物质文化（如突击课程和其他体能训练）的重复性身体接触，会将他们的思想和身体从一种接受测试的状态转变为成功的典范，"这个过程让士兵获得自己是皇家海军突击队员的新身份认同。这也意味着他们清楚自己的身体已全副武装，随时待命"。

除了这类职业外，我们也要留意，人往往会因为宗教或文化的因素改变身体，例如用颜料彩绘或用饰品妆点等。由维克多·特纳（Victor Turner）等人类学家记录的成年礼，包含身体改变。在很多情况下，身体代表特定的地方文化，蕴含并传播文化信息。

# 学习台词

当我们欣赏出色演员的演出时，常常会忽略他们为演绎角色需要记住大量的台词。许多演员并没有在意这项能力，甚至认为这不是专业技能。英国演员迈克·凯恩（Michael Caine）曾说："当你站在舞台上时，必须不能刻意去想台词，而是通过其他演员的一举一动，知道要接什么台词。"他的评论说明自然演出的重要性，却没有说明他是怎么记忆剧本的。对于我们大多数人来说，记忆信息要花费大量时间，这让我们不禁嫉妒演员能够如此轻松地记下这么多的信息。在学校时我们要机械地记忆单词和公式，工作中又要拼命记下客户的名字。那么，演员到底是怎么做到记忆力这么好的？

近期对演员背诵台词的研究显示，他们之所以能如此成功地记住大量信息，是因为他们将对话与动作联系在一起。海尔嘉·诺伊斯（Helga Noice）与托尼·诺伊斯（Tony Noice）的一篇论文研究了表演情境下的信息获取，证明了演员搭配动作记忆台词比没有搭配动作记忆台词更容易。数月后，参与研究的演员搭配动作也更容易回忆起台词。在他们的另一篇研究中，他们证明了场景中的道具和台词的结合也能够帮助演员记忆台词。在一个案例中，演员径直走向一个瓶子，拾起来并说道："这就是我解决问题的方法。"演员知道角色说这句话的意思，他的动作会将这句话的意思反映出来：瓶子代表这个场景的意义，场景的意义决定演员的动作。他或许会拿起瓶子喝一大口，或是将瓶子抬起挥向其他角色。因为场景的意义、台词和动作紧密联结，所以当演员需要回想台词时，他们会想起对话与动作。如此看来，回忆植根于身体与动作中，演员并不是坐着死记硬背，而是边做动作边理解台词。根据诺伊斯和其他学者的研究，这样的记忆方式在非表演的情境中同样适用。

认知科学家将记忆分为程序记忆（procedural memory）和陈述性记忆（declarative memory）。程序记忆指的是可以无意识唤起的记忆类型，陈述性记忆指的是必须经过有意识的回想才能唤起的记忆。每个朝代的年份、统治者、法语单词、元素周期表都是我们需要花时间记忆，且需要花费心力回想的信息。如前文所述，如果将这些信息与动作联系起来记忆，就会变得相对容易一些。假如我们能想象当初学习这个知识的情境，或是重现当时的学习情境，也能轻易回想。

20世纪70年代有一项著名的研究，研究人员针对苏格兰的浮潜者，清楚地呈现出了环境与记忆的关联。参与研究的潜水者在靠近苏格兰西海岸的奥本度过了一个愉快的假期。其间，他们被要求在陆地和水底这两种不同的天然环境中分别记住一串两个音节和三个音节的单词。参与人员在陆地上背好这些单词之后会潜至20英尺的水面下，他们需要在水中背出刚刚记住的单词。研究发现，当他们在相同的环境中时能够更好地背出单词。如果是在岸上背的这些单词，相比在水面下，当他们在岸上时也会比较容易回想起单词。因此，记忆十分依赖环境。同样能佐证这个观点的还有日常中的例子。当我们在家里寻找东西的时候，例如眼镜，我们往往会通过回溯刚刚做了什么事情来寻找。因为环境在记忆中占据着重要的地位，所以我们往往在回到当时的环境时，就能想起来我们当时是因为做什么事情把眼镜放在了某个地方。研究显示，对于信息的记忆不只依赖心智与身体，从某种程度来说，大脑和身体也会利用环境帮助记忆及处理信息。

# 心智的延伸

过去人们总是假设大脑独立于身体之外，负责记忆和认知。具身认知的概念则对此提出挑战，认为记忆是大脑和身体的结合。然而，在本章我们了解到了环境同样影响着我们思考和记忆的方式。那这是否意味着物体与环境也是心智的一部分？

认知科学家安迪·克拉克（Andy Clark）认同这一观点，他可以说是认知科学领域的明星，在1997年与戴维·查默斯（David Chalmers）合著的是这个学科中被引用次数最多的论文之一，为人类思维的思考带来了革命性的发展。在这篇论文中，他们以活页记事本为例，解释物体如何帮助我们整理思绪及记忆。日记、通信录、计划表都是证明人们将物体和工具融入了思考过程的极佳例子。如果一个人问你457乘397是多少，除非你在数学方面有极高的天赋，在不借助计算器帮助的情况下，我想你一定需要纸和笔辅助计算，这个答案一定不会在你的脑子里。我们的计算能力需要借助纸和笔呈现，如果说活页记事本就像记忆力的延伸，那么纸和笔便是在进行复杂数学运算时的思考延伸。玩拼字游戏时，我们会认为排列字母的行为是一个动作过程而不是一个思考过程。但是克拉克和查默斯认为这既是一个动作过程，也是一个思考过程。我们正是用手臂、手和眼睛在思考。同时他们还认为，心智不只延伸到身体，也延伸到外在环境。他们设计了一项思想实验：

> 试想有一个名叫奥托（Otto）的男人，因为患有某种记忆障碍，他会随身携带一个笔记本，上面记录着他需要的信息。假设有一天他想去纽约现代艺术博物馆（Museum of Modern Art）看一个展览，但是他并不记得那里的地址，他只需要查看笔记本上

记录的确切地址，在第53大道，就能够顺利抵达。而另一个没有记忆障碍的女孩因佳（Inga）也想去看这个展览，而她会用大脑回忆博物馆的位置。

克拉克和查默斯认为奥托和因佳的行为其实并没有太大的差别。他们都经历了"查询"信息的过程，只不过因佳是在自己的大脑中查询，奥托是通过笔记本查询，而这笔记本就像是他"大脑的延伸"。在论文中克拉克和查默斯提到，如果世界的一部分可以参与到认知的过程中来，那么它们就可以被视为认知过程的一个组成部分。当这篇颇具争议的论文发表时，引来许多质疑的声音，批评者认为克拉克和查默斯对于什么物体可以被视为认知过程的组成部分的定义太过宽泛。

然而，随着智能手机逐渐取代了活页记事本的地位，成为我们日常生活的中心，早期的质疑者开始逐渐认同克拉克的观点。两年前我搬过一次家，直到现在我都没记住新家的电话号码，而且我相信在我手机通信录的几百个电话号码中，没有几个是我能背出来的。我用手机的备忘录和待办事项记下我要做的事情，将大部分需要记忆的工作"外包"给手机。由此来看，环境中的物品已经在我的认知过程中扮演了重要的角色，我的心智与环境因此而"结合"。

虽然许多质疑者在经历了技术的革命性发展后转换阵营，接受心智延伸理论，但其实在5千至1万年前，当人类开始制造物品、创造艺术时，就在借助物理世界辅助思考及存储信息。克拉克的思想影响深远，也反映在考古学界，一些考古学家不再只认为发掘古代文明是对物体的重建，这一过程同样是心智的重现。

心智延展的概念将心智、身体与环境结合在一起，被视为认知过程的一部分。三者结合在一起，共同帮助我们储存并唤醒记忆，同时也带给我们执行简单或复杂任务的能力。

⚡⚡⚡

除了如何翻松饼或开车这类程序性知识，储存于身体的知识也包含我们对地点、人物及经历的感受与记忆。我们依靠身体去找到自己存在的方式，依靠身体记住特别的时刻，依靠身体与他人建立联系。当然，这不是说身体就像一个保险库，知识进来之后就无处可逃，实际的技能可能会因为缺乏实践而变得迟钝，但与生活的许多方面（尤其是教育中）所围绕的事实性或陈述性知识不同，保留在身体内的知识往往容易被唤醒。

虽然肌肉记忆常常出现在日常生活中，但它其实是一个更广泛的概念，并不仅仅是指身体有能够在无意识的情况下执行任务的能力。除了我们常说的肌肉记忆的程序性知识外，身体还塑造了我们体验生活的方式：我们用身体的记忆为自己导航，或是回忆起某个地点和发生的事。

法国思想家加斯顿·巴什拉（Gaston Bachelard）讨论的"肌肉意识"（muscular consciousness）总结了身体不仅参与体验的过程，同时也参与了记忆的过程。"肌肉意识"的概念强调了动作与意识的结合，认为记忆不只是认知上的现象。

我们已多次看到从传统的哲学推测到科学家开始解释身体在思考过程中的重要性。但科学的理解仍然存在许多空白。例如，程序性知识如何存在于体内，并在需要的时候被无意识地提取。但无论怎样，可以肯定的是，当我们尝试理解与记住这个世界时，身体与大脑是地位平等的伙伴。

CHAPTER 9 | 第九章

# 为何具身认知如此重要

我将从"我们能知晓的远比我们能表达的多"这个事实出发
重新思考人类知识。

——迈克·波拉尼（Michael Polanyi）

我们已经深入探讨了身体学习的五个维度。

在第四章"观察"，我们了解到人类如何利用身体的知觉与感官来了解世界，以及身体如何成为我们掌握技能的核心。但掌握技能不仅需要观察，所以在第五章"练习"我们发现了身体如何在实践中获得知识，以及为什么当身体获取知识时，不通过意识的指导反而会比较好。

在第六章"即兴"，我们了解到身体是感知、预测和计划的核心，支持我们即兴地适应陌生环境，不过分依赖规则。在第七章"同理心"，我们通过镜像神经元的概念解释了思想、身体与感受之间的关系，以及如何与他人沟通。第八章"记忆力"介绍了记忆不只是心智的能力，也是身体和环境的能力。肌肉记忆的概念不局限于执行动作或技术的能力，也扩展至我们如何体验以及记忆人、地点、经历。

我们需要将这五个维度统一起来看待，因为身体是一个整体，这五个维度的过程都密切相关。只有将它们结合起来讨论时，我们才会意识到具身认知带给我们多么不平凡的理解与能力。

虽然解释什么是具身认知及具身认知如何习得需要一些学术理论，但具身认知本身就是颇具实践性的知识。具身认知存在于许多技能之中，无论是日常的走路、做饭等简单动作，还是弹钢琴或操作手术等复杂的专业活动。在机器自动化正逐渐取代人工的时代，我们常常提醒自己，身体有能力做更复杂的事情。鉴于目前机器人仍无法再现幼童精细的运动技能，我们更能意识到自己身体蕴藏着多么不可思议的力量。

如果具身认知本质上是实用的，那么它也是可转化的。通过在不同环境中的反复练习而积累的能力，即便在不可预见的情况下也可以熟练使用，同时也没有严格的规则控制其运作，所以让我们在任何情境中都可以即兴发挥。

具身认知可以通过融入、观察、实践获得，因此不需要教师介入指导，或依赖其他复杂昂贵的资源。我们只需通过亲身体验就能掌握。

正因为容易接触，具身认知也带来效率，这种效率不仅体现在习得的方式上。在知识具身化后，我们不需要太多思考就能执行动作。因为当身体知道该如何做时，精神就能够集中在事情的重点，而非关注技能的呈现。艺术家不需要思考如何使用笔刷，只要想如何传递创作理念就好。具身认知可以集中思考想传递的内容，而非呈现方式。

在最基础的层面上，我们对世界的体验全部都是具身化的，因为我们是以身体的形式存在，并且每分每秒都在用身体感知着世界。身体帮助我们了解周围的环境，感知他人的情绪与想法，帮助我们与他人沟通，并通过对方的身体读出他人的感受。

几个世纪以来，西方世界都倾向于掩盖身体理解世界的潜力，忽视身体在思想和智慧中扮演的角色。更糟糕的是，认为身体是误解与主观信息的来源。这类思想一直在鼓励大家以非具身化的方式去理解世界，导致身体的作用逐渐被边缘化。正因如此，身体所附着的内容，尤其是感觉和情绪也都消失了，取而代之的是用事实性表达来描述这个世界。让身体重新发挥作用，是对试图将一切都归结为其最基本的模式、结构或本质的简化论的一种解药。它有助于让人们重新意识到身体体验的重要性。

这种简化主义的倾向在国家和企业的运作方式中仍十分常见。数字技术、大数据、人工智能及机器学习都是这种试图将事物简化为最基本水平的案例。正如管理学专家彼得·德鲁克（Peter Drucker）写道："计算机在某种程度上是机械宇宙的分析性、概念性世界观的终极表达。"具身认知是挑战这种观点的一种方式。试图理解他人体验的核心是从他者的角度看待问题，了解他人所掌握的信息、固有的观点，而身体是这一切理解的核心。

在第三部分，我们将探讨身体学习的五个维度在商业、政治与策略、创意与设计，以及人工智能与机器人领域的应用。

# PART THREE

第三部分

# 具身认知的
# 应用

CHAPTER 10 | 第十章

# 具身认知与商业

"研究"已成为消费者的代言人。好的发明者与设计师会深
入了解他们的客户，花费大量的心力了解客户实际的需求。极致
的消费者体验是从内心、直觉、好奇开始的，这在问卷调查中是
找不到的。

—— 杰夫·贝佐斯（Jeff Bezos）

2018年初，身价数十亿美元的美国媒体公司康卡斯特（Comcast）的
董事长兼首席执行官布莱恩·罗伯茨（Brian Roberts）尝试对英国天空公
司（Sky）的卫星电视业务进行收购。这类大型交易需要许多顾问参与进
行分析、调查并研究交易的合理价格与最终回报。

当他的顾问在调查各种数据时，罗伯茨抽出时间在收购之前去了一趟
英国。他并没有选择在周末继续与银行家、顾问待在一起，而是飞到英
国，跳上黑色出租车，直奔购物中心与天空公司的销售员攀谈。在去购物
中心的路上，出租车司机非常健谈，讲起了天空公司和维珍媒体（Virgin
Media）所提供服务的差异。事后罗伯茨说道，"出人意料的是出租车司
机对两者的差异如数家珍"。在与天空公司的销售员攀谈时，他发现他们
对自己公司的产品无比地自信和骄傲，热情地演示着最新产品的最新功

能，于是他明白了为什么天空公司在英国的付费电视市场占据主导地位。罗伯茨是媒体行业的专家，他的父亲创立了康卡斯特，他可以说是诞生于业界，但他缺少对天空公司产品独特之处的体验。

正是在那个周末，罗伯茨决定进行交易并提出明确的提案。他知道自己的第一手调研并不是这笔交易的决定因素，但这使他意识到天空公司是一家多么杰出的公司。2018年7月，他赢得了这场收购战。

这并不是正常的商业运作方式。通常，220亿英镑的收购案需要投资银行家、企业顾问和研究机构的支持与大量研究。在这类情境下，通常从外部观察市场，而非聚焦产品本身及真实的使用者。但是市场并不是抽象的，它们包含着人类复杂的情绪与感受，将其视为同质的群体是很危险的。罗伯茨也意识到了这一点，他认为在采取行动之前需要来自第一线的观点，用直觉感受整个市场。

除了罗伯茨，还有其他企业家、高管选择通过身体了解市场，并利用具身认知带来的优势。

## 距离、数据、非具身化

市场是复杂的系统，各方通过各种各样的方式在这个系统中交换物品与服务。无论"市场"一词让你想到的是城镇的市集，还是疯狂打手势的交易员，如今市场正慢慢地从人们的视野里消失。商品的设计、生产、运输、销售已高度全球化，即使是购买实体的物品，也越来越倾向数字化。我们在网络上将商品加入购物车，然后再点击"立即购买"按钮，几天后商品就会由快递送到家门口。市场是抽象且高度复杂的实体，但是深入理解它至关重要。

经济学和管理学提供了很多帮助商业领袖理解市场的工具，但这些工具也有缺点。首先，市场不像物理世界那样遵循一成不变的法则；其次，像"迈克尔·波特的五力模型"或波士顿咨询公司的"增长份额矩阵"这样的模型和框架，虽然是强有力的分析工具，但本身却是基于抽象的假设。

经济学家约翰·梅纳德·凯恩斯（John Maynard Keynes）创造了"动物本能"的概念来描述情绪对市场的影响。他认为经济行为往往并没有那么理智，情感在我们的决策中占据着重要的地位。评论家经常提到的"投资者情绪"和"消费者信心"也证实了人们的行为不只是由理性的思考驱动的。市场泡沫就是人们被过度信心冲昏头脑，脱离市场基本面的例子。市场由每一个不可预测的个体组成，当技术创新来临或是受到其他颠覆性力量的冲击时，就会变幻莫测，并非经济学家可以通过模型建构的。有大量的例子反映了企业与市场完全脱节，不妨去问问诺基亚或百事达的高管，当市场发生根本性变化时，企业被颠覆是什么样的感受。

企业竭尽全力在市场中保持领先，因此它们会在情报与研究方面投入大量的时间和金钱。大型企业会专门设立一个收集、处理、分析外界讯息的部门。正如管理学家野中郁次郎在《哈佛商业评论》（*Harvard Business Review*）中所观察到的那样，西方世界对于公司、机构的认知是"信息处理"的机器，且这样的观点根深蒂固。他们预设的信息是可量化的数据、编码的程序、通用法则这些既正式又系统的硬知识。

企业永远都需要预测市场的变化方向与客户的偏好，然而这些变化都不会遵循可预测的法则。但可惜的是，就像野中郁次郎所观察到的那样，大多数企业只追求生成、处理和分析可量化的、非具身化的信息，忽略了更为主观的见解。它们努力的目标是数据导向，希望用数字说话。

由此观之，大多数企业都采用笛卡尔二元论的观点。首先，企业将外在的世界理解为客观的现实，使用问卷调查、市场划分、大数据等科技构建客观现实，这些都反映了它们认为构建客观现实是可行的，并且应该优先于其他行动。

其次，企业基本都认为，答案存在于人们的大脑中。在职场社交平台领英上常会出现一部卡通片，展示的是一些公司的高管在观看题为"消费者头脑的内部"的演示。他们看着一张图片，消费者的大脑被分为"工作""旅行""孩子"三个部分，他们负责营销的泡菜品牌却不见踪影企业对自己的产品在消费者的头脑中没有一席之地感到惊讶。"太不可思议了，这个消费者还是我们品牌的忠实粉丝呢。"虽然这只是一部卡通片，但反映了主流的认知。

另一个企业支持笛卡尔身心二元论的例子是神经营销学（neuro marketing）的出现，随着神经科学的发展，企业迫不及待地想知道顾客看到品牌标识与形象时，大脑的哪一区域会先亮起来，只要企业的广告营销策略正确，就能够刺激消费者大脑的某些区域，产生特定的情绪。

但是，这类以心智为先理解市场的观点已受到挑战，让我们跟随南加州商务人士的脚步，去国家公园露营，体悟日渐显现的新市场观点。

## 露营之旅

2014年11月，从纽约飞往加利福尼亚的团队看起来并没有准备好迎接他们的露营之旅。他们中的大多数还拖着行李箱，这样的装备对于商务旅行来说无可挑剔，因为出差开会通常会在酒店待一到两个晚上。但是这个装备绝不适合我们接下来要面对的事情。虽然圣迭戈很暖和，但是他们携带的衣物好像也过于单薄了。来自金霸王电池（Duracell）北美总部的商务旅行团队看起来并没有准备好迎接即将发生的事情。

　　到达后我们直奔市郊的一家户外用品专营店，在那里我们遇到了3组当地的户外爱好者，他们同意加入我们和我们一起露营。我们的第一项任务就是为第一个夜晚的到来做好准备。当地人告诉我们，太阳下山后山里的气温会很低，最好准备好夹克衫和睡袋。他带着我们在店里转了一圈，并向我们解释这些装备的保暖程度。我们还测试了手电筒的光照距离，接受了关于产品特性与亮度的专业建议，商店陈列架上描述了各种产品的规格，我们很快就能够亲身体验这些内容的实际意义。

　　开车到莫雷纳湖国家公园只需要两小时，这里距离墨西哥边境只有几英里，但为获取钓鱼许可证，我们在沃尔玛超市停留，耽误了时间。抵达目的地时，太阳快要下山了，所以我们必须赶在天黑之前安置好我们的营地。一些不经意的小细节体现了我们这些露营新手与经验丰富的户外爱好者的差异，因为经验不足，我们选择的扎营地排水不佳，而其中一位户外爱好者在便携式水箱的下方挖了一个小洞，用来收集冲洗餐盘时多余的水，防止在地上弄出泥泞的水坑；另一位露营专家向我们展示了他的保温杯，除了可以做保温杯之外，它还是一个有加热功能的水壶，可以安全地把水烧开，比我们小心翼翼地在炉子上烧水可靠得多。

　　露营者在营地的其他地方已陆续安顿下来，我们作为露营新手惊讶地观察着专业露营者熟练地安排设备、适应环境。作为新晋的露营者，与接受正确的指导相比，我们更多的是在失败中学习。公园管理员因为我们在灌木丛中收集柴火，而不是找他单独购买而责骂我们。后来，当我们围坐在篝火边时，才知道为什么户外用品店会卖那么多各种各样的照明工具，显然在被黑暗笼罩的公园里，照明绝不是一件小事。

　　一位露营者指着他挂在低灌木丛上的一组便宜的LED灯，告诉我们这是他的秘密武器，因为它们既不会与营火相冲突，又能带来温暖的低亮度照明。我们从实际的角度理解头灯与提灯的不同。头灯刺眼的强光适合用来烹饪或是在帐篷后面寻找工具包，但是在篝火旁聊天时如果佩戴头灯，那对面的人看起来就像是在接受审讯。多重光源一开始听上去觉得非常奢侈，但是现在看来是很有必要的。

夜晚社交活动后，新手露营者把行李箱摆在帐篷入口外，就陆续准备睡觉了。除了少数不习惯露营的人觉得不适应，大多数人都睡得不错。隔天早上，专业露营者轻松地在炉子上煮咖啡做早餐，因为缺乏经验，我们决定通过学习来弥补。

当太阳爬上山坡时，我们又将话题转回到了那个户外用品商店。商店里的那些当时觉得没有用的东西已被证明都是不可或缺的必备品。昨晚气温骤降，我们试图把帐篷再多铺一层。当时在店里讨论的睡袋保暖等级已不再是一些学术性的讨论，而变得具有实际意义。凌晨3点被零下的气温冻醒后，睡袋的保暖等级的差异就会变得异常明显；半夜起床去灌木丛时，头灯的价值显现出来。现在来看，用不同的用途来描述不同的头灯，并用亮度进行区分都是非常有意义的。在真实的环境中接触、亲身体验这些产品之后，我们对于经验丰富的露营者如何准备、使用工具有了第一手的了解，理解了他们为何会如此爱惜自己的装备。

早餐结束后，有的伙伴去散步，有的去钓鱼。徒步小组认真研究要带的装备。户外爱好者提醒我们，面对突发事件，可能没办法用打电话的方式寻求帮助。如果想开拓一些人迹罕至之处，那么配备专业的GPS设备是十分必要的，不应依赖手机。虽然我们的露营之旅是在国家公园的公共露营区，对于那些有经验的专业露营者来说这更像惬意的旅行，但他们还是向我们充分说明装备精良的必要性。金霸王电池团队意识到，认真看待户外活动的人，会将他们的安全及旅程的舒适交付给装备，而装备是否能够充分发挥效用则取决于电池是否可靠。

其实我的公司会带这些企业高管去露营本就不是一件寻常的事情。通常情况下，企业领导者如果想要理解一个问题，只需制定一个研究命题然后等报告即可。但是金霸王电池团队想要真正了解户外领域，因为这是他们公司业务中很重要的一个板块，他们愿意接受一些创新的方法。我所在的团队一直认为获得信息最好的办法不是去读描述他人经验的报告，于是我们决定给他们安排一些不一样的体验。我们问自己:如果让这些主管亲身体验露营，是否能够帮助他们获得有关户外露营的具身认知?

但这么做其实是有风险的。虽然金霸王电池公司"一切照旧"，但当时它正在被出售给沃伦·巴菲特（Warren Buffet）旗下的伯克希尔·哈撒韦公司（Berkshire Hathaway）。考虑到他们的新东家是出名的低调朴实，这样做的赌注很高。露营策略对于我们公司来说同样也是一个冒险之举，因为露营完全可能让我们的客户睡得不好，然后转身就走，决定回到自己纽约舒适的家。

从表面上看，这个策略最大的风险就是对于商业研究的颠覆。传统的商业分析可能是在远离国家公园的温暖舒适的房子里做一些采访，在露营者的车库里看看他们都有哪些设备，然后讨论一下。我们的客户也许会参与一两个这样的采访，但在这样安逸的环境中，无法体会到露营时的寒冷、不适与无助。

金霸王电池团队一直想将业务深入到户外领域的中心。他们非常渴望深入了解电池在户外活动中扮演的角色，同时也想了解户外世界到底是什么样的存在。是什么让人们选择灌木丛而不是郊区? 在国家公园里过夜又会产生什么样的情感共鸣? 他们迈出的这一步就是用直接的体验和身体去感受和学习，在环境和同事面前暴露自己脆弱的一面。一起露营其实是一件非常亲密的事情，这与和同事在职场环境中相处的感受完全不同，而且在星空下过夜也无法让你获得酒店的积分。

当天稍晚些的时候，我们收起帐篷前往圣迭戈。在接下来的几天里，我们讨论露营中所观察和体验到的一切，探索这些经验对于金霸王电池进军户外市场会有怎样的帮助。我们和金霸王电池一起制定了一个传播战略，该战略成为他们商业史上最成功的战略之一。由这次露营启发的广告，邀请了自由登山者凯文·乔根森（Kevin Jorgeson）在黑暗中攀登约塞米蒂国家公园的黎明墙（the Dawn Wall），视频一经发布，就在户外社区内疯传，并迅速在视频平台获得了超过800万次的观看量。乔根森是一位备受大家尊敬的攀登者，他对于户外装备、经验的认识与我们在露营之旅中的体会一致。乔根森说道："当你攀登时，光线、电池都成为经验的一部分，你相信它们，你知道它们能够发挥效用。很多时候，因为电池的支撑，你可以专注于动作而非装备。"

批准我们此次露营之旅，并最终出品这支广告的市场部总监杰夫·贾勒特（Jeff Jarrett）认为，广告之所以会如此成功，是因为"刚好抓住"户外爱好者的心。通过亲身的经历，金霸王团队意识到什么内容才能打动户外活动爱好者，与他们产生共鸣，哪些是能够吸引他们的细节。这些都在广告中体现出来，正如贾勒特所说，"整支广告的语调、传递的信息、使用的语言都与户外世界完美契合"。

## 星期二2G日

金霸王电池团队将对于户外领域及户外爱好者抽象、客观、非具身化的认知转变为真实的具身理解。他们亲身感受了山间清冷的空气，观察他人学习扎营技能，经历了反复尝试、失败。并不是每个企业都有勇气、有预算像他们一样，但公司能做的最重要的事就是确保在设计产品时始终保持拥有对世界的具身认知。

发自内心的体验始终是脸书（Facebook）扩张新市场的核心。这个网站诞生于哈佛宿舍，现在已是全球半数互联网用户日常的根据地。但在2013年，人们在社交平台使用行为的变化迫使这个公司采取行动。当时，智能手机取代电脑成为人们最常见的上网媒介，脸书开始为迎接新的市场做准备。手机使用率的增长在印度等国家十分明显，这给公司带来了更多的挑战：由于越来越多的用户开始使用智能手机，而更便宜的安卓手机比苹果手机拥有更多的操作系统软件选择，所以安卓手机比苹果手机更受欢迎。产品经理和工程师突然把设计重心从电脑操作系统转移到手机操作系统，因此，他们需要一个计划。

汤姆·阿里森（Tom Alison）是脸书现任软件工程副总裁，当时他负责确保印度等市场的数亿新用户能够使用脸书。他的团队中有一名在印度长大的工程师，他建议阿里森带上一个小组去印度待上几周，这在当时来看是一个很离谱的提议，但是阿里森表示赞同，并决定起程探究印度脸书用户的生活。他们在网吧闲逛，到移动网络可覆盖到的偏远的村庄，和许多用户交流。他们还对当地的移动网络和互联网网络进行了技术分析，以便能够了解网络的运行原理。阿里森后来回忆，他当时遇到一位男生，他会在每天上床睡觉之前把脸书打开放在床边，第二天早上再打开脸书时，想看的内容就已经加载好了，因而获得了很好的使用体验。

这对于那些在硅谷用着极速网络的工程师来说是一个非常新奇的点，但却是印度用户使用脸书的典型代表。不仅如此，正如阿里森指出的那样，工程师往往会把一些事情看得很重，当他们发现他们的成果并不起作用时，他们就会开始担心，但在脸书不断发展的组织中，也许很多人根本没有注意到这个问题。该如何让大家明白，他们正在做的工作可能大部分人并不买账？答案就是设立星期二2G日，让设计师不再默认4G网络是软件运行的常态。

各种各样的流行应用程序在正式推送给全球数亿用户前，都会有一个脸书员工的内测版本，用来测试新产品和新功能。阿里森的团队利用了这一点并设立了星期二2G日。每周二都会有一个弹窗出现询问员工是否将软件调至2G模式。如果他们接受这个请求，那么在接下来的一个小时内，软件就会表现得像是接入了一个又慢又不稳定的网络。工程师搭建了一个模拟发展中国家网络状态的模型，许多其他的团队也都开始参考这样的做法，每周抽出一天的时间去体验一下印度的网络。阿里森说道："当你用2G网使用脸书时，真的会有完全不一样的感受。而且也只有这样，才会有真正发自内心的体验。"

脸书在新兴市场的成功是有目共睹的。2015年6月，脸书推出了专为旧手机以及低速网络用户设计的版本。2016年3月，脸书轻量版的每月活跃用户超过1亿，一年后超过2亿，成为迄今为止用户增长数最快的脸书应用。在其他公司还在等这些地区的网络更新换代时，脸书通过为低带宽市场积极迭代产品，同时确保技术和设计团队真正理解市场情况，因而获得了成功。

设立星期二2G日是为了让工程师、设计师理解像印度一样的市场，为消费者设计合适的产品。脸书的高管始终非常重视这件事情，阿里森也曾在公司全体会议上公开谈论过，公司的员工也都开始试着用一些廉价的安卓手机或者更简单的功能手机，并在公司日志上记录下他们的体验。通过密切关注新兴市场，他们回应向智能手机时代转型的市场，认真对待饱和度较低的不那么发达的市场。阿里森指出，这其中最重要的就是"努力摒除心中的固有模式和偏见，尤其是在特定的发达国家，或者像在硅谷，我们都会默认很多概念，但它们并不是现实的常态"。直至今日，脸书也在为此努力着。

但是，阿里森把星期二2G日的成功归结于他们忠实地再现了低速的网络体验，以及将这种体验以共享的方式在公司内模拟。虽然只有一小部分团队去了印度，但是他们通过技术让2G体验扩展到了全公司，让整个公司都能够足不出户地感受产品在硅谷之外的应用。

这一策略不仅让全公司的人对2G网络都有了亲身体验，还让大家真正意识到数据所传递的内容。他们确实可以通过报告了解到有多少人在使用低速网络，得到有关他们体验的量化数据，但没有真正经历过体验的数据是没有任何意义的，没有数据的体验也是毫无用处的。在阿里森看来，使整个企业建立对网络连接的亲身认知是在新市场促成用户增长的关键。

## 去商业街理解市场

不久前，人们还在尽职尽责地回收塑料生活垃圾，清洗酸奶罐和牛奶容器，对环境问题没有更多的考虑。然而，事情突然发生了变化，海洋中的塑料问题成为头条新闻。几个月后，塑料吸管和咖啡搅拌器被禁止使用，超市开始试用无塑料袋通道，一次性的塑料瓶被视为全民公敌。

似乎在一夜之间，塑料成为首要的议题，这提醒我们，在世界如此迅速发展的时代背景下，企业很难提前预测到消费者态度和行为的转变。现实生活中有太多企业因为没能看到变革的到来，或是看到了变革到来却没有采取行动而成为历史。例如，曾经看似永不衰落的柯达现在已经变得无关紧要，就是因为没能适应数码摄影时代的到来。有些研究报告将柯达的失败归因于缺乏对市场的理解，其他则指出是因为柯达无法根据他们对数码摄影的研究来调整照片画面。不管怎样，柯达已经成为麦肯锡（McKinsey）报告中举例强调的消失的公司之一。在麦肯锡的报告中，我们能发现标准普尔500指数的美国领先企业的平均寿命已经由20世纪20年代的67年缩减到了如今的15年。该研究提出，到2027年，标准普尔500指数的企业有75%会消失。正如托马斯·霍布斯（Thomas Hobbes）所说，企业的一生"肮脏、野蛮而短暂"。

为了避免步柯达的后尘，企业都投入了大量的精力集中于对于市场环境的监测。这项工作可以通过多种形式完成，不管是民意调查还是跟踪问卷，又或者是趋势报告，这些工作本身的目的就是做大而广的研究。而且这些报告通常都会看起来超前几年，并且都会带着一些诸如"塑造未来世界的十大趋势"这样唬人的标题。单从表面上看，这种覆盖范围广的全球化调研似乎是明智的，仅仅调查一个城市一小拨人就提供一些有价值的观点看起来却是不切实际的。

在俄勒冈州的波特兰市，来自北美宝洁家庭护理团队的一个小组与我所在的公司Stripe Partners的一个团队聚集在一个大板房里。我们将在这里共度一个星期，重点是去理解"主流绿色消费者"，即那些关心产品的环境影响并尽力减少自己对环境造成破坏的消费者们。我们此次的目标就是帮助宝洁公司，使其最大的品类洗衣液能够更加环保。

在那一周里，我们除了会对周围的邻居进行采访，还试图亲自践行绿色价值观，理解绿色消费者们的世界。我们的牙膏和护肤品都是有机成分的，我们不食用肉类和加工食品，我们的家居日用品也都是纯天然的。同时，我们会去公社旧物市场和福利社买东西。一天晚上，我们带上早上在瑜伽馆上完课、带着香味的衣服和我们的无化学添加的洗衣液去自助洗衣店，并和波特兰当地的潮人攀谈。

虽然这个调研的形式没有那么严肃，但是整个项目有着明确的目标，就是帮助我的客户们通过亲身经历去了解另一个"世界"。我们的方法不是依靠数据去解释消费者如何关心产品对环境的影响，而是去真正理解如何在经营好家庭、照顾好孩子、管理家庭开销的同时考虑对环境的影响。在洗衣店与用户一起洗衣服的那个晚上让宝洁团队的化学家明白了他起初的设想是多么地不合时宜。他起初认为运动服需要多加一些洗剂才能够洗得干净，所以他放了两倍的量，但晚些时候你就能看到他正在洗衣店里拖地，因为从他的洗衣机里溢出太多的泡沫了。他后来意识到，天然成分的洗衣液可以依靠足够的泡沫把有异味的运动服洗干净。

$$\textmoji{⚡⚡⚡}$$

那次的露营之旅可以算是我们第一次试图将具身认知的理念带到企业环境中来。在之后的几年中，我们始终将具身认知的理念嵌入解决方案的核心，帮助客户解决复杂问题。在每一个项目中，我们不会只查看电子表格、市场数据，以及其他可量化的知识，同时我们也会通过亲身体验理解他人的世界。

以具身认知为理念的方案把我们带到了旧金山的仓库、巴伐利亚的焊接作坊和洛杉矶的纺纱课程；我们在和客户吃饭时戴着护耳罩，在日本的电玩游戏室里玩上半天，和客户一起在圣保罗体验4小时的通勤，全程抓紧公共汽车的扶手……所有这些经历和体验都是为了让我们和企业的高管能够以自身的感受为出发点去思考和解决问题，而非以数据为核心。

由经验得来的具身认知对于发展强大的业务有着诸多好处。第一，相比于数字的冰冷和疏远来说，体验所能带来的是情绪化的感受。商业战略一般会围绕着决策者们理性的想法和需求，往往又都简单地归类为"正确的决定需要充足的、有价值的数据来支撑"。在这个以技术为主导的世界里，像数据这样的可量化的内容会被强调，而那些不可量化的例如人的主观意识和情绪、直觉和体验都会被弱化。企业对于数据的溺爱表现在它们会默认地从数据的角度理解世界，且会下意识地将人类的体验和经历都转化为数据。在这样的转化过程中，不免会丢失重要信息，其中包括消费者真正重视和在意的关键点。将人们直接从企业环境中拉出暴露于真正世界中，能让人们亲自感受和理解世界。用这种需要亲身体验来获得具身认知的方法能够让企业高管再次专注于产品本身。我们也常常惊讶于这种方式所带来的魔力，因为它能够使人们真正认清自己在做什么，以及为什么这样做。

第二，体验是实际的而非理论的。正如野中郁次郎在描述西方企业就像一个Excel电子表格时所提到的那样，商业成功的关键并不在于"处理"客观的信息，而在于充分利用员工主观的洞察、直觉与预判，并确保员工的洞察、直觉与预判能够在全公司内分享，直至其有机会被测试和应用。从体验中获得的具身认知不会是理论或抽象的，而是扎扎实实、有意识地通过观察、感知，并付诸实践才得到的。那位让洗衣房充满泡泡的化学家可以通过这一体验重新评估他对于绿色洗衣液的设定，以此为契机研究新的配方来重新梳理他的产品设计逻辑和思路。

第三，具身认知的结论依赖于人，而非那些搜集而来的信息和文件。具身认知不仅更实用，相比于文件作为知识的载体，当人成为知识的载体时会对公司产生更大的影响力。因为他们知道对于消费者来说什么才是最重要的，所以他们能够用他们的体验作为试金石，在消费者的需求和公司的局限性之间找到一个平衡点。

商业评论员弗林·麦格拉夫林（Flint McGlaughlin）也曾提出过相似的观点，他对由文档和数据推导出的战略和由亲身经历推导出的战略做了区分：

> 我不希望我的团队专注于战略本身，我希望他们专注于体现战略。战略本身是生硬的。这个领域已经被降级为一门学科，领导者依赖专家告诉他们合适的战略。然而，战略唯有体现在活生生、会呼吸的个体身上，才有可能得到实践。那些依赖于专家提供战略的人只是把战略看作一个周期性的事件，而不是一个慢慢推进的过程。真正厉害的战略不是通过宣布而得以实现，它体现在生活的每一个角落。

共同的体验是知识和战略的基础，体验让知识、战略具身化，避免了让它们成为书架上落灰的文件。

在将一些具身认知的理论应用于商业领域时，我们总会听到与我们共事的公司高管们反复提到"直觉"。这种表达凸显了身体在学习知识过程中的重要地位，也显示出这类知识难以用语言描述的特征。团队花费一周的时间体验环保生活后，在美国市场推出了多种非常成功且屡获殊荣的产品，而这一切的核心是"了解消费者"。

## 以人为中心

20世纪最伟大的管理学家之一彼得·德鲁克曾在1989年撰文警告说，企业如果一直依赖于非具身化的数据与信息，则会面临风险。他认为这种依赖会影响企业对世界的评估能力。在他撰文的那个年代，电脑还没有在办公室普及，大数据更是无从提起，但他已经预见到了信息化社会的转变以及企业的新兴运行方式。他看到了"分析性的逻辑和数据，将人类的经验与直觉量化为一个个信息与定义"，且这种方式已经成为许多大企业主导的运营模式。换句话说，正如德鲁克所见，这些公司不仅仅开始使用计算机，它们也逐渐像计算机那样思考、行动。

德鲁克从未声称自己是一个未来学家，但他的预测看起来都非常有先见之明。信息技术不仅改变了企业销售、计划、评估和分析策略，更改变了企业接触和了解世界的方式。笛卡尔和他同代人对于机械概念的追求衍生出了新的分析世界的方式，并将那些追求感性的人推到了一边。正如我们在前文中所看到的，这种分析世界的方式催生了计算工具和计算机，它们可能是分析性世界观的最纯粹的表达。就像伯特兰·罗素（Bertrand Russell）与阿尔弗雷德·怀特海（Alfred Whitehead）在论文《数学原理》（*Principia Mathematica*）中所描述的那样，任何的概念，只要不是模糊不清的，在逻辑上都可以通过0和1表示。

这种想法受到各类型的企业和大公司的欢迎，但问题在于生活本身就是模糊不清的，你很难将市场简化为严格的原则，或尝试在保留完整意义的同时又将它转化为抽象的概念。市场是由"动物精神"所驱动的，而人类又是由感情驱动的，其间错综复杂且并没有不变的物理定律可以遵循。所以说，理解消费者和市场不能够仅靠数据，还需要培养基于体验的感受与直觉。

然而在实际的商业环境中，人们经常不去考虑感受与直觉。2014年，普华永道发表的一份题为《直觉与大数据》（*Guts and Gigabytes*）的报告中指出，虽然现在数据科学已取得了巨大进步，但企业高管仍然依靠自己的直觉做出决策。2016年，同一团队的研究报告称，当被问及会用什么帮助做出下一个战略决策时，有33%的高管回答"直觉与经验"。

针对生活与商业中的直觉问题，诺贝尔奖得主丹尼尔·卡尼曼（Daniel

Kahneman）发表了大量文章，他指出不论我们是对是错，感觉都是一样的。在谈论商业决策时，他批评了那些只因过去的成功经验，在面对需要快速决策的情境时就毫无根据地做出决策的人。世界本身是不确定的、模棱两可的，充斥着不完整的信息，因而我们始终需要判断的能力。依靠委员会达成共识往往会导致不当的决策，其造成的后果与仓促的决策一样严重。所以，关键问题是如何确保直觉来自相关的确定经验。

将跨国公司的高管团队带去露营似乎是一个非常奇怪的制定策略的方式，但确实是有效的。当人们离开自己的办公室进入他人的世界时，会揭开无数的面纱，打破以往的固有认知，弥合知识的鸿沟。这些冒险能让人们将笼统的概念聚焦成为确切的相关体验与经历，使决策者做出正确决策。我们见证过太多人在经历了相关的确定体验后，感受到了数据背后的意义。

具身认知理论展示了身体如何通过体验去感知、学习、理解以及获取知识。露营地、2G模拟及波特兰的例子也展示了亲身参与世界，直接与世界接触能够给我们带来更深刻的理解。当德鲁克在解释"知识"在商业背景中的意义时，他并没有专门指出具身认知的概念，但其实也非常接近了。他提出："知识是改变事物或改变人的。改变的方式有两种：一是知识成为行动的基础；二是知识能够帮助个体（或者机构）采取独特或更有效的行动方式。"

随着曾认为理想的机械性模型与理解方式失效，不仅是商业领域需要我们通过融入世界获得具身认知来做出决策，在第十一章，我们将接触另一个领域——具身策略与政治。

CHAPTER 11 | 第十一章

# 具身认知与政策制定和政治

学习的唯一方式就是接触。

——马丁·布伯（Martin Buber）

美国歌手吉尔·史考特-赫伦（Gil Scott-Heron）曾说"革命没有电视转播"，但他错了。大部分的战争都通过媒体得到有效报道，但是这些报道无法让人感受到动乱的恐怖，更无法让我们理解战争地区人民漫长的痛苦经历和动荡之后的重建。

与其他人一样，我观看着来自也门、叙利亚、缅甸等地源源不断的可怕新闻，但其实很难切身理解当地人所遭受的苦难、心痛和暴力。我们很容易产生短暂的震惊，却也很容易形成免疫。正如摄影师兼评论家苏珊·桑塔格（Susan Sontag）所说，"在这个影像过度饱和的世界里，那些本该被重视的东西被淡化了：我们变得冷漠而麻木。最后，这些影像只会让我们缺乏感受的能力，难以触及良知"。有时，单一的图像会产生同理心，让世界付诸行动。土耳其记者尼鲁弗·德米尔（Nilüfer Demir）在2015年9月拍摄的照片就是一个很好的例子。照片上一个3岁的库尔德男孩艾兰·库尔迪（Alan Kurdi）因偷渡而溺亡于地中海，伏尸土耳其海滩。然而多数情况下，大量的图片、报道一闪而过，堆积如山的数据如尸体一样，鲜有人注意。

在一个看似无限数据触手可及的时代，我们比以往任何时刻都了解世界各地发生的事情，但却又无法真正理解世界，或与世界有情感上的互动。事实、数字、信息图表、历史的比较并没有加深我们对世界的具身认知，只是让我们了解了更多的事实。我们可以对他人的困境表示同情，但是不论新闻报道的质量如何，我们都很难真切地感受到他人的苦难，很难对他人产生真正的同情。

同理心很重要，因为每个人的世界其实是分隔开的，用同理心从他人的角度理解世界能够减少冲突、误解和偏见。如果没有同理心，我们将很难让自己行动起来。若没有办法调动大家，政策便难以制定及推行。因此，政策制定者自身必须拥有体验与经验。

## 难民模拟

数以千计的集装箱堆放在广阔的葵青货柜码头，证明着香港在全球航运业中的重要地位。国际十字路会（Crossroads Foundation）的货物也是从这里运往全世界。1995年，中国北方发生了特大洪水，生活在香港的毕马勤、毕慰恩（Malcolm Begbie, Sally Begbie）开始为200万因洪水流离失所的人们筹集二手衣物。最初他们运送了19箱衣服，但事情很快升温。在香港这个本没有"二手文化"的城市，市民自发收集物资，寄出了第二批72箱物资，接着是第三批，最后毕马勤、毕慰恩运送了将近250箱二手的衣物及床上用品。

国际十字路会的工作至今仍在继续，通过线上全球之手系统（Global Hand）将物资从香港运往全球各个需要物资援助的地方。在国际十字路会十周年纪念日时，他们决定不在五星级酒店举办宴会，而是向香港人呈现十字路会存在的意义。毕马勤、毕慰恩的儿子大卫，目前是国际十字路会的管理者，他说："我们曾问过自己，是否可以把大家带到户外，并拿走他们的东西，大家会有何反应？给他们锤子和钉子，让他们建贫民窟呢？或是让他们睡在地上、用手吃饭、敲碎岩石来修路。我们可以让他们感受到我们所服务的人的处境。"体验贫困人口生活的想法就此诞生。

我也是超过20万体验者中的一员。2019年5月，我所坐的公交车正蜿蜒驶出香港，经过航运码头，前往曾经的廓尔喀兵营所在地，现在是十字路会难民模拟的大本营。我完全不知道接下来将会发生什么。大卫并没有给我和其他12名体验者交代太多，我们很快发现他其实是故意如此。不知道接下来会发生什么确实是整个体验的主题，也是非常合适的主题，因为难民和穷人也是如此，我们也将会在接下来的24小时里体验到。但其实对他们来说，这并不只是24小时那么简单，而是会在很长一段时间内持续的状态。

简单的介绍结束后，我们犹豫地穿过一扇没有标记的门进入一个大仓库，一个穿着迷彩服的男性凶狠地告诉我们今晚必须离开家，但会被带到安全的地方。我们被带到"布景"角落的一个临时营地，带着枪的士兵过来问我们的姓名和地址。他们问了我们很多问题，并将我们分组分隔开。房间里响起直升机在空中盘旋的声音、迫击炮的声音以及痛苦的喊叫声，整个气氛使人惴惴不安。我们一直被押着在布景中四处走动，手表和手机都已被士兵们抢走。几分钟之内，我的眼睛就开始紧紧盯着地面不敢抬头，我担心抬头会引起士兵的注意。我快速地瞄了一眼其他人，发现他们也都和我一样。我们被捆绑在一个临时帐篷里，灯熄了，但是士兵的吼声还在继续，随之而来的是巨大的响声，我差点吓得跳了起来。灯又亮了，呐喊声变得更大了，士兵指着地上的尸体……当我被问到名字是什么时我才发现自己已身处牢房，我整个人像冻住了一样。作为体验者我被赋予了一个新的身份和名字，但是在巨大的压力之下我已经忘得一干二净。在那时，我感到有一支冰冷的手枪正抵着我的脖子。

接下来的45分钟，我们重复了三天三夜的循环，直到大卫宣布模拟体验结束。我们被转移到一个模拟军阀接待室的房间。我们坐在垫子上，大卫对我们进行询问，包括对我们反应的讨论、我们刚刚经历了什么、事实是怎样的、相似情况的人的故事，并邀请我们讲述这一经历带来的影响。"你在旅途中和妻子走散，你没有手机也没有网，该如何找到她？"鉴于我当时是和士兵用手机换取自由，我觉得这个问题的确有可能会遇到。那么该怎么办呢？

在模拟被迫离家和被询问之后，每个"家庭"都需要利用硬纸板、塑料、零碎的防水油布搭建营地。通过这个阶段的模拟，我们将了解到难民在遭受攻击被迫转移后会面临怎样的处境。大卫问我们，我们认为一个人成为难民通常会持续多久，我们天真地答道三四年吧，但是他告诉我们平均的时间跨度接近27年。那天晚上我们搭建的是"临时住所"，在现实中可能是难民需要居住多年的家。大卫说完后，我在自己的年龄上加27岁，突然意识到，在我74岁时，这样一个2平方米的临时避难所就是我的家。仅在这里住一晚都很难适应，更不要说度过漫长的时期。

稍后，我们的任务是生火把菜简单加热，然后徒手吃掉。在我们加热食物的时候，主办方告诉我们难民很难吃到热食，通常需要拿其他东西来交换。仓库外又热又潮湿，但还好我们不需要排队就可以喝上饮用水。联合国试图每天向难民提供16升水，我们被问到如果向容纳数以万计难民的营地供水，应该配备什么样的后勤保障。大卫说，当捐赠者希望自己的钱能够"解决问题"时，他们忘记了像水这样的基本需求必须首先得到满足，然后才能考虑他们个人对捐款用途的偏好。

我们在难民生活模拟中学到的更多东西并不是来自轶事、故事、个人反思或事实，而是来自将我们的经历与他人的生活联系起来。我因用手表交换了一份食物而失去了时间感。大概凌晨4点，我躺在一床报纸上，盖着一条航空毯，试图让自己舒服些。脑海中浮现了大卫早些时候告诉我们的话。救援人员说，当人们在营地睡觉时，通常压力很大、睡眠也很浅，因为创伤让他们难以拥有深度睡眠，睡眠的背景音往往都是哭喊声，我其实还没有这样的困扰，只是时差和冷冰冰、坚硬的混凝土地板让我难以入睡。实际上，我们的避难所已经是一个相对舒适的、配备空调的小屋了，与那些真正笼罩在恐惧之中的难民营相去甚远，但同时，这是我第一次如此近距离、真切地感受难民经历的恐惧。我期盼新的一天的到来，让我不再忧心忡忡。

第二天早上，我们重新生火，煮了一些平淡无味的粥，并讨论起一些让我产生共鸣的事。当我们在电视画面上看到难民时，我们很容易会想象他们接受过扎营的训练，或天生擅长野外生活。他们的避难所看起来坚固且布局合理，难民可以生火、做饭。但事实上，他们是在被迫做出深刻的改变以适应新的生活。他们离开了好工作、有空调的公寓，没有装满食物的冰箱和其他舒适的家具。叙利亚难民在成为难民前从未接受过难民训练。与他们相比，我们这期间所做的这些调整不值一提。这也使我们意识到，难民也未曾想过有一天会过这样的生活。或许这一点显而易见，但在我用棍子将粥舀到嘴里之前，我都从未想过。

第二天，我们渐渐熟悉了模拟生活，唯一不变的是一切都还是令人筋疲力尽。在体验过后，就是询问与讨论环节。体验的本质属于身体与感官，它让我们变得柔软，使我们进入试图理解的对象的生理与情绪状态中。我很疲惫、很饥饿、浑身脏兮兮的，同时神经紧绷，这或许并不适合传统的学习模式，但我的身体已准备好接受这个世界的信息，帮助我理解他人的生活。

在这24小时里，关于他人的生活、问题的解决方案及产生问题的原因，我收获颇丰。"全球X体验"（Global X-perience）项目的初衷就是要设计成为"富人与穷人生活方式的十字路口"，探究难民生活的许多方面，从最初的流离失所到生存、追求生活稳定。同时我们也探索了艾滋病与失明，这两个问题对全球贫困者的影响最大。这些模块体验的设计者，都是曾亲身体验过难民生活情境的人。

每年在达沃斯论坛，会有1小时难民模拟活动，这或许是论坛中少有的没有提供香槟和点心的活动。一些人认为这种坐私人飞机来体验1小时难民生活的做法很荒谬。这样的想法可以理解，但他们忽略了很重要的一点。人道主义领域的工作人员表示，进入难民营和冲突地区是很困难的，这不仅对游客来说非常危险，也会给在实地工作的团队带来巨大的压力。达沃斯论坛经常被视为一个纸上谈兵的地方，但联合国难民事务高级专员菲利波·格兰迪（Filippo Grandi）在2017年论坛中对参与模拟体验的与会嘉宾说："我来这里想要说的一切，你们已经体验过了。"

每年都有很多学校和企业等组织参加十字路会的难民模拟项目，其所能带来的影响也是显而易见的。在亚洲拥有4000家工厂的全球时尚公司在体验后重新设计了它们的全球供应链，慈善机构和学校被建立，难民的生活得到了改善。大卫坚信两件事情：第一，体验能够给人们带来更多的同理心，参与者能够提出一些更好的问题，而不是一开始就投入到解决方案中。第二，持续的投入，需要内在的动力。大卫认为模拟体验最有价值的地方在于，能够使参与者通过亲身感受获得同理心。

在我回到九龙洗热水澡之前，大卫和我分享了最后一个观察结果。土耳其境内有超过300万难民，同时社会时局十分动荡不安。国际十字路会受邀在土耳其主办永久难民体验，希望以此加深难民与土耳其人民之间的相互理解。

## 测量感觉

诗人威斯坦·休·奥登（Wystan Hugh Auden）在1939年从英国搬到美国不久后，写下题为《无名的公民》（The Unknown Citizen）的诗，这是他为一位平凡的人写的墓志铭。这首诗一方面是批评政府对个体的监控，另一方面也是对这位社会安全号为JS/07/M/378的公民平凡而标准的一生的嘲讽。他所做之事都是正确的事，所持观点都是正确的观点。这首诗同时也暗示了通过国家统计方法获得的信息其实十分有限。

2016年特朗普当选及2016年英国脱欧公投的结果，世界政治的动荡让人们不免想问：该如何预测类似事情的发生？许多人认为，民调似乎已不再有效，但事实并非如此。来自伊普索斯莫里（Ipsos MORI）民意调查机构的本·佩奇（Ben Page）指出，独立的学术研究并不支持民调愈加不准确的这种说法。"过去十年中，虽然有些波动，但是民调错误的趋势并没有明显的上升。"

在此期间，民调的方式发生了巨大的变化。例如从20世纪90年代后期开始出现了网上民调，民调公司也一直在使用不同的方法增加民意调查，包括用读取脑电波的高科技方式，用GPS了解人们在城镇的活动轨迹，或利用大脑成像技术来了解人们的情绪变化。根据佩奇的说法，这些方式使民调的准确率提高大约10%。

公众舆论领域的创新往往围绕着试图更好地理解人们感受的深度。如果一个人投票意愿很低，他表示投票给谁都毫无意义。佩奇表示他的公司一直以来都在使用一种称为"隐式反应时间"（Implicit Reaction Time）的神经科学技术，将回答问题的速度视为感受强烈程度的指标。英国脱欧公投的结果在很多方面都是那些在以前的选举中很少投票的人投票的结果。脱欧运动传递的信息强化了人们对情绪化议题的情感，在大多数情况下，感受胜于事实。

虽然民调无用的论据存在争议，但还是有许多人认为民调无法反映公众舆论的复杂性。政治家、政策制定者与普通民众之间的鸿沟正逐渐拉大。经济学家安德鲁·迪诺特爵士（Sir Andrew Dilnot）的研究表明，自1963年至2013年，英国收入分配差距逐渐悬殊，意味着低收入群体和高收入群体之间的鸿沟正逐渐扩大，这导致英国社会早已没有所谓的"平均经验"。政治顾问林顿·克罗斯比（Lynton Crosby）指出，我们都总会认为自己"是普通的"，但实际数据反映出，我们的人生与他人迥异。因此，在主流政治叙事与人们日常关注点相去甚远的今日，跨越理解的鸿沟至关重要。

在过去的20到30年里，政治家、政策制定者讲述的是关于权益、权利、全球化的价值和多边主义的优势，这类政治叙事的兴起很大程度上是因为我们从经济学的角度解释社会，经济侵入我们生活的各个领域，技术至上的观点将我们的感受摒除在外。虽然从事实的角度描述世界没有任何错误，但是如果完全抛弃感觉，人们会认为描述没有反映现实。社会学家威廉·戴维斯（William Davies）认为，专家的客观公正的观点与大众真实的生活脱节，是无法被"街上的路人们"接受的。

如果精英越来越难理解其他人的生活，那证明数据并没有真实地反映人们日常生活的复杂性。数据可以讲述一个好的故事，但很难呈现细微的人性。政策制定者与政治阶层了解大众的主要工具通常都是民意调查或焦点小组，但我们其实可以通过回顾不久前的历史，感受如何跨越不同人生之间的鸿沟。

作家乔治·奥威尔（George Orwell）掌握了理解世界的艺术，他将身体置于理解他人体验的核心。作为20世纪最杰出的政治作家之一，他对贫穷的理解不依靠理论框架或数据的收集，而是来自发自内心的切身体验。他的传记作者班纳德·克里克（Bernard Crick）曾写道："奥威尔就像流浪汉一样过着贫穷的生活，身上带的钱从没有超过几先令，所有财产加起来也不过几英镑。"

奥威尔曾经与穷人一起生活，先是在法国，然后是在英国，他对这段时期的描述记录在《巴黎伦敦落魄记》（*Down and Out in Paris and London*）一书中。在巴黎，他住在一个贫民区里，经常连续几天没有食物，同时他还在一家巴黎酒店闷热窒息的厨房里工作。在伦敦，他住在城市郊区简陋的房子里，整天都在努力凑钱，希望在晚上能吃上东西、睡得好点。奥威尔对饥饿的描述尤为震撼人心、有说服力，因为正如他自己承认的那样，这是他，作为一个接受伊顿公学教育的殖民时代政府官员的儿子，一生中第一次体验饥饿的痛苦：

> 饥饿使人变得软弱无力，无法思考，像是流感的后遗症。你会觉得自己仿佛一只水母，好像全身的血液都被抽干，用温热的水代替。我对饥饿的首要记忆是倦怠感，以及我不得不时常吐口水，而且口水奇怪地都变成了白色的絮状，像是杜鹃鸟吐出的泡沫。

奥威尔在伦敦流浪，在巴黎做一个低薪的洗碗工，饥饿从一个理论变成了一种直接的身体体验。奥威尔对社会如何看待穷人也有许多观察，例如从服装入手。他曾描述过在伦敦沃尔沃斯大道上的一家二手商店买了一件暖和的大衣，"新的衣服完全将我带进了全新的世界"，因为街上的人对待他的方式因此变得截然不同。奥威尔发现不同的着装会将他带入平常无法进入的平行世界，那个世界充斥着脏污与臭味。

与奥威尔同时代的杰克·康姆（Jack Common）这样评价奥威尔："与生活在布鲁姆斯伯里区（伦敦人文教育资源集中的区域）的其他人相比，奥威尔是一个外来者、反叛者、流浪者，他生活在最底层的贫困世界，并在其中写作。"多年来，奥威尔是一位体验着的作者。贫穷、屈辱、失败这无疑让他更接近穷人的世界。但他从未宣称自己是流浪汉，只是说自己和穷人生活在一起。通过这一系列的真实体验，他希望可以摆脱自己在优渥的成长环境中形成的偏见。奥威尔的成就很大程度上归功于他对大众、社会的深刻洞察。他忍受寒冷、饥饿、肮脏，体验与自己相去甚远的阶级生活。虽然有些极端，但奥威尔可以说是用具身化的方式理解他人世界的典型示范。

## 与身体政治的身体接触

奥威尔贫民体验的经历塑造了他的作品，但他的身份仍然是一名记者、作家，虽然后期个人影响力得到发展，但他从未登上政治舞台，未曾参与政策制定。政策制定者与大众之间的距离是近年来备受关注的议题。

经济学家拉里·萨默斯（Larry Summers）是克林顿、奥巴马任总统期间的白宫经济顾问，目前他在哈佛大学工作，哈佛可以说是东海岸精英的汇集地，特朗普等政治家总是抨击他们孤立的世界观。萨默斯对于这一点很坦诚，他承认是自己接受的专业知识训练及职业生涯塑造了他的世界观，并且在一生大部分的时间里，他总是透过数据模型的棱镜看待世界。

然而，2018年夏天，在萨默斯从芝加哥开车到波特兰的途中他有了新的体悟。这是一条全程约2000英里的旅途，萨默斯没有选择多车道的高速公路，而是行驶在较小的两车道的公路上。萨默斯和他的妻子一起开车穿过美国的小镇、穿越大平原和落基山脉。即使经过一大些的城市例如爱荷华州的迪比克、怀俄明州的科迪及蒙大拿州的博兹曼，都不算是家喻户晓的城市。在路上他们还会遇到提示加油的标志，因为距离下一个有人居住的地方将会是在50英里之外。他们驾车驶过鬼城及废弃的酒店和咖啡馆。就像萨默斯后来总结的那样："我在暑假发现了未曾见过的美国的其他地方。"

萨默斯和妻子观察到的其实是很普通的事情，但这对他们来说意义非凡。道路标志牌上的内容与他在自己家康涅狄格州所看到的相去甚远，例如教堂晚餐的广告、狩猎俱乐部和当地的集市广告……在政策专家集中的华盛顿特区居住多年后，他们发现生活在其他地方的人并不会在电视上收看政治节目，也不会在酒吧谈论政治。他们讨论的是本地事务而非全球议题，他们担心的是自己的生活方式会受到侵蚀。

萨默斯意识到，存在其他的方法了解经济运作的方式。萨默斯在《金融时报》上发表了对这次旅程的看法后激起了大家的讨论。他提出解决"政策制定者疏离"的重要而简单的策略："到不同的地方去。"萨默斯强调，政策制定者这样做的好处是，他们会发现理解世界的多种方式，同时也会意识到他人的生活或许与自己的截然不同。

沿海精英们经常用"飞越州"（Flyover States）这个说法指代美国的中部，也就是萨默斯和他妻子到访的地区。飞越州是一种简写，通常含有贬义，指的是地理、文化和人口位于东西海岸"文化"之间的内陆地区。民粹主义崛起的一大特点就是其深远的地理维度，城市与乡村之间经济机会、文化观、政治观点的鲜明差异，使得当下的政治形势有着显著的空间维度。如萨默斯所言，若想跨越地理上的距离，"到不同的地方去"，通过亲身体验了解人们生活的方方面面十分重要。

社会学家琼·威廉姆斯（Joan Williams）在她的著作《白人工人阶级》（*White Working Class*）中试图解释特朗普在2016年大选当选的原因。她提出要理解嵌在人们生活之中的文化代码。克林顿出生在阿肯色州的一个小镇，母亲是护士，继父是一位酗酒的汽车销售员。虽然他之后成为一名杰出的管理人才，但是他从未忘记自己来自哪里，也从未忘记刻在白人工人阶级骨子里的价值观，同时这也塑造了他的政治观点。克林顿了解两种社会的文化代码，并试图弥合这两者之间的鸿沟。白人工人阶级整天在枯燥而又暗无天日的环境中长时间工作，他们渴望成为"下命令的人"而不是"接受命令的人"。

民粹主义的兴起有多个原因，但最关键的是民粹主义。政治家能迎合人们的感受与情绪。对全球主义导致的问题进行抽象的、技术官僚式的诊断，造就了一种新的政治话语。这种话语几乎没有事实依据，但认识到了普罗大众的情绪和嵌在他们生活中的文化代码。

不管我们是否喜欢，当下事实的影响力远不及情感。这并不是说事实无关紧要，而是指需要在了解人们的日常生活和现实的基础上更好地了解事实。政策应针对人们面对的问题，并使用人们能接受的语言。戴维斯指出，所谓"抽象的知识"和"人们日常的体验"之间出现了隔断，这意味着那些"缺乏情感"的专家与政策制定者被抨击为"冷漠而自私"。就像萨默斯横越美国的旅程所体会到的一样，如果我们想讨论对他人来说重要的问题，并使用能够引起对方回应的语言，就必须理解他们。在我体验叙利亚难民生活的24小时里，我扮演的是一名逃离家乡的人。自己搭建避难所，忍受着失眠，每天依靠做纸袋获得2.5美元的报酬，用树枝喝粥。我体验到平常无法接触到的生活，短暂地感受了他人或许每天都在重复经历的情绪。在体验结束后我回到香港原有的生活，可以洗热水澡，喝冰啤酒，但我能够感觉到自己对难民问题的理解有了翻天覆地的变化。

同理心并不是处理所有复杂问题的灵丹妙药，批评者指出了从别人的角度看问题与真正理解问题是不同的，但同时这两者并非相互对立。我参与"全球X体验"项目的感受是，我的身体和感官好像同时被剥夺和过载，让我更容易理解宏观和结构性的议题，以及身处其中的人可能经历的体验与感受。正是因为身体的脆弱性，我才得以学习、理解这一切。

许多教学依赖于无语境的知识传播，很少依靠实际"在场"的真实接触。正如我在难民模拟中所体验到的，只有身体参与，才能够真正做到学习、理解。具身认知的理论让我们意识到，情感的联结并不是学习的阻碍，它实则是一种帮助理解他人世界的工具。如果冷漠、理性、疏离及客观的知识没有帮助我们摆脱困境，那么具身、参与、融入情感的理解或许能够支持我们克服挑战。

对于那些政策制定者和政治家来说，他们认为从一个冷漠而辩证的角度看待世界是重要的，这样他们就可以透过"数据模型的棱镜"客观地看待世界。他们的模型也许是对的（但时常不是，在金融领域尤其明显），但它们并没有反映人们的真实体验。文化与地理的鸿沟已然在逐渐扩大，而弥合鸿沟需要将身体作为体验与分析的媒介。

具身认知的理论证明了我们可以利用身体来观察周围世界中的信号，否则这些信号就会被我们忽略。我们通过身体来感知、理解这个世界，并发展出体验的"脚手架"辅助理解他人世界的事实信息。

类似的例子还有很多。慈善机构组织"在外过夜"的活动为露宿街头的人筹集资金，并让大家切身体会到无家可归之人的境遇。麻风病慈善机构利用手套模拟神经受损带来的感知受损，让人们感受到肢体失去灵活度是怎样的感觉。外交智库则建立一些沉浸式模拟体验来帮助民众适应瞬息万变的政治形势。这些例子都证明理解事实背后的意义，以及事实带来的感受至关重要。

CHAPTER 12 | 第十二章

# 具身认知与创意和设计

人类感知受到身体的限制，我们只能通过互动学习感知实际的物体。我们必须先了解现实。

——丹尼斯·施莱谢尔（Dennis Schleicher）

彼得·琼斯（Peter Jones）、欧克莎娜·卡丘尔（Oksana Kachur）

## 动画感知

皮克斯动画是近25年来最有创意也是最成功的公司之一，这间工作室创造了太多的畅销动画片。世界各地的观众都被巴斯光年或者尼莫等可爱的角色吸引，观众惊讶于皮克斯独特而逼真的场景及栩栩如生的人物塑造，电影的每一帧画面呈现出他们对细节极致的追求。

制作既奇幻又具有辨识度的电影不仅仅依赖于创作灵感，皮克斯团队在创作故事情节和人物角色时并不依赖于头脑风暴，相反地，他们都会离开位于加州爱莫利维尔的工作室，切身体验那些他们想要在电影中重现的世界。

当皮克斯制作《恐龙当家》（*The Good Dinosaur*）时，彼得·索恩（Peter Sohn）导演告诉摄影师莎朗·卡拉汉（Sharon Calahan）他想要一种粗旷的"先锋"感。卡拉汉脑海里浮现了怀俄明州杰克逊这座城市的画面，这是一个她之前去过的城市，她觉得也许这里会给她带来一些创作灵感。工作室安排了这次探索之旅，让整个团队能有机会沉浸式体验崎岖的地形和宽阔的视野。他们沿着斯内克河顺流而下，探索峡谷，穿越塔格国家森林，在没有任何人工光源干扰的地方欣赏银河。摄影师卡拉汉很高兴看到她的导演在探索一个新的环境，"索恩之前没有在这样的环境中待过，我见证了他发现这个世界的严酷，观察变幻莫测的天气，以及崎岖而粗犷的景观。"卡拉汉说道，"这启发了他确定了整部电影的基调。他希望呈现出广阔天空的感觉，当空气中的湿度很低的时候，可以看到数英里之外。"

卡拉汉和索恩并不是唯一离开工作室寻找创意的皮克斯成员，《海底总动员》（*Finding Nemo*）团队还学会了如何潜水。当他们设计小丑鱼尼莫从下水道出逃的情节时，他们还参观了旧金山的污水处理系统，并发现鱼真的有可能从下水道回到大海。

皮克斯在2007年制作《料理鼠王》（*Ratatouille*）时投入了大量的精力以确保观众可以从多种感官角度感受到食物和环境。一个团队花了两周的时间在法国的米其林餐厅用餐，并采访餐厅的厨师。高端餐厅的后厨是紧张、嘈杂、闷热的，大家都在厨房忙得团团转，厨师长会提高音调来传达上菜的急切感。这样的厨房既体现了工业化的规模，又具有家庭的亲切感。

专业厨房的中心是"料理站"，每一站都有特定的任务或负责制作一道菜。在《人人都能烹饪：料理鼠王的厨房》（*Anyone Can Cook: Inside Ratatouille's Kitchen*）中，电影技术团队的成员解释了他们是如何忠实再现这一管理原则：

> 我们在一个简单的法式烹饪基础上搭建我们的厨房美学，遵循"所有东西都在它该在的位置"的原则。在准备每一道菜有

时，所有的食材和工具都经过预先的测量、排列、收集，放在它们该在的位置。这样在开始烹饪时，尽管非常有压力且紧张，也能从容地找到需要的东西。整个概念非常简单、优雅、实用，也勾勒出了厨师、厨房与食物之间的联结。

重现厨房从复制料理站开始，团队努力确保观众都能理解厨房空间的划分，以及空间如何随着不同的场景改变。厨房是多重感官的环境，也为我们的身体提供丰富的刺激。从生理上来讲，我们应该沉浸在厨房忙碌的氛围中，通过感官接收化学、视觉、温度的信号，理解这个厨房。

所有的这些投入都是皮克斯成为创意工厂的关键，他们费尽心思希望能够让布景更可信、食物更真实诱人。其实对于制作团队来说，厨房和食物只不过是场景设定或静态的背景，"他们将场景视为角色之一，会跟随剧情的发展而改变"，并且为了最终能达到完美的效果，他们精心为观众创造了这些体验。

皮克斯团队让厨房真实重现的一个方法是让厨房和用餐区形成强烈的对比。一个是来回奔忙的场景，另一个是安静的谈话空间。他们塑造了米其林餐厅的优雅，也融入了家的温度。他们真实地再现了很多细节，例如工业化的洗碗机会在打开门时喷出大量的蒸汽，每个料理站中间都有一个黄铜装饰的大灶台，放着一些看起来很重的大铜锅，灶台和锅的底部也都带有精心安排的烧灼的焦痕。同时团队也加入他们在巴黎厨房拜访时看到的细节，例如精巧手绘的香料架，或是装满新鲜香草的藤篮。

确保食物看起来可以吃，而且还能让观众垂涎三尺也是一大挑战。技术团队尤其关注一道煮干贝的菜，因为它是"占据了大量屏幕时间的一道英雄菜肴"。他们还精心设计了主厨温柔地将干贝放在芹菜上方的动作。

皮克斯总裁艾德文・卡特姆（Ed Catmull）表示，正是这些努力造就了闪闪发光的电影和追随他人脚步的电影之间的细微差别。他还补充道，也许有的人会说不是所有的观众都知道巴黎顶级餐厅的样子，所以这样注重细节有必要吗？对于这一点，卡特姆的回复是，如果我们做得对，观众看得出来。当电影描述准确、表述准确时，观众是能够体会到的。影片中餐厅女主厨甜姐（Colette）手臂上看似无关紧要的斑纹就是一个很好的例子，仔细观察塑造她人物形象的场景，你就会发现她的手腕上有烤炉的烧伤，团队在做前期调研时发现，这样的伤痕在专业厨师身上很常见。

《料理鼠王》收获了巨大的成功，它获得了2008年奥斯卡最佳动画长片以及其他三项提名，全球票房超6.2亿美元。这告诉我们，在创意设计领域，为了在创作时能带入现实世界的情绪、能量、细节，不让创意落入刻板印象的桎梏，创作者接触世界、亲身体验世界是必不可少的环节。皮克斯证明了，如果你想要重现某个环境，满足感官的多样性和丰富性是非常有必要的。卡特姆的团队向大家诠释了融入细节体验的场景画面能够使观众产生共鸣。

皮克斯的创意团队一般都不会用PPT来做演示。他们不仅更喜欢亲身体验，他们还在"内部批判会议"上通过故事板以高度动画的方式交流每个场景，包括了动作、情感和表现手法。从片场到电影，皮克斯团队都从自身的独特视角体现了他们想要描绘的生活环境。如何表现永远是他们为大片收集和发展创意的核心，这些表现方式，无论是否经过精心设计，也出现在其他领域，对细节的深入理解是成功的关键。

## 手机报警软件的设计

新产品的形成都需要经历一系列的智力活动，即论证其合理性，这意味着产品在很长一段时间内都是以推测的概念和想法的形式存在。尤其是那些技术产品，是在远离它使用地点的地方构思出来的，工程师会思考产品将会有哪些功能，以及如何向使用者提供这些功能。

　　尽管早期的产品原型通常会在发布之前进行测试，但是最终进入商店的产品大部分都还停留在产品思维的概念阶段。因此，很少得到那些日常生活中使用这个产品的人的反馈。除非，有什么事情让产品团队得到反馈——他们可能是偶遇或者是通过设计得到反馈，又或者是二者的结合。

　　2014年摩托罗拉的团队就遇到了这样的情况。当时摩托罗拉移动的一个团队正前往巴西。在之前的一年，已归属谷歌的摩托罗拉发布了一款名为"摩托G"的低价智能手机，作为旗舰产品"摩托X"的下一代。后来，让公司惊讶的是，"摩托G"成为公司有史以来的销量冠军，帮助摩托罗拉夺回英国、印度和巴西的市场份额，这三个国家是世界的第四大智能手机市场。

　　2014年，摩托罗拉需要巩固其在巴西和印度等新兴市场的成功，这是一个其他手机巨头例如三星和苹果都没有特别在意的市场。为此，产品经理和研究人员制定了一套全新的策略，为那些注重预算的客户开发一些特殊的功能。产品团队同时也确保在设计"摩托G-2代"时充分考虑到巴西和印度客户的利益。很大程度上这意味着他们需要更多地去研究用户的使用情况，而非通常的技术研究。斯托克斯·琼斯（Stokes Jones）是一位经验丰富的用户体验软件测试员和人类学家，他设计了一个沉浸式研究项目，他把摩托罗拉的产品设计团队带至用户家中，让他们在用户家里待上几周或几月的时间来测试新产品，测试完成之后，再回到产品团队中。

　　巴西的犯罪率恶名昭彰，其谋杀率位居世界前20，抢劫率也很高。巴西人还需面对他们称之为"拖网"的现象，拖网指的是一群罪犯合作抢劫行人、在晒日光浴的人或者是狂欢节的观众。巴西的许多城市房子外都有一层金属网，目的是防止入侵者进入，同时也暗示了极高的犯罪率。所以，这样的环境对于测试"摩托报警"这个应用程序来说是非常好的生活实验室。这是一款个人安全应用程序，如果使用者发现自己处于危险的状况下，可以立即向关键联系人或者警察发送信息，他们将会在谷歌地图上显示用户的具体位置，并可以发起救援。

2014年春天，"摩托G"产品团队的成员从加利福尼亚和芝加哥飞往巴西。他们开发了几个原型应用程序，并相信这些应用程序可以帮助用户应对贫困社区的环境。"摩托报警"经历了典型的产品设计阶段，从便利贴上的想法发展到精美绘制的概念，再到交互线框，现在成为巴西用户手上正在测试的交互式模型。反馈的时间到了。

在一个与贫民窟接壤的犯罪猖獗的社区，团队前往罗杰里奥（Rogério）的家，33岁的罗杰里奥身材魁梧、爱泡酒吧，是一位活动策划人。他们坐在一起探讨罗杰里奥对于新手机功能的想法。

罗杰里奥说，他越来越喜欢新的"摩托G"手机。为了证明，他透露他和他的朋友为了实验手机是防水的，特地在洗澡时把手机带到浴室听音乐。然后他解释说他很喜欢紧急情况报警的想法，但是抱怨说整个过程太费时了，你得先打开手机、找到应用，然后再激活整个程序。他担心在被抢劫时根本没有时间去做这些事情。当罗杰里奥直接当面指出关键性缺陷时，产品经理还想要和他争辩一下。产品经理为改善打开手机找应用这个过程提了一些建议，但是在场没有人能够解决罗杰里奥的根本问题，即你不能指望一个人在被抢劫时会先从口袋里掏出手机。

罗杰里奥觉得他们没有正视他所提出来的问题，变得有些沮丧。在过去的2年中，他被抢劫了3次。"听我说，"他补充道，"我知道我在说什么。你们知道在巴西被抢劫是什么样的吗？"还没等大家回答，他就消失在了客厅中，过了20秒后，他气势汹汹地挥舞着一把7英寸长的厨房刀回来了。"我可以给你们演示一下吗？"他平静地问产品团队。产品团队的人点头表示同意后，罗杰里奥抓起产品经理，把刀架在他的脖子上，同时扣住他的手臂说道："这就是在巴西被抢劫的感觉！"

这时罗杰里奥对产品经理说："现在你试着从你的口袋里拿出手机向你朋友报警！"刚才产品经理还试图为自己的设计辩解，现在整个团队都明白了要求用户在这种情况下拿出手机、找到应用程序、再按下按钮是完全不可能的事情。这种情况下，用户需要其他的报警方式。

本来此次活动的计划是巴西用户和美国摩托罗拉团队的一次口头反馈的环节，脖子被刀架着完全不在计划之内——但是，琼斯非常相信一手体验的力量，他设立这个会面，就是为了鼓励这种愉快的意外的发生。因为一旦发生，所有人就会彻底明白其重要性。

罗杰里奥的沮丧使他用肢体演示的方式向大家传达了他用语言无法传递的想法。他一直试图告诉团队，这个程序的设计在真实情况下是有严重缺陷的，因为劫匪很有可能正控制着你的身体，而你并不想让劫匪发现你正在试图报警。

产品经理也通过这次模拟感觉到另一个人对自己的压制，紧张和无助是没有办法让同样在这种情况下的用户完成所指引的报警任务的。这一经历让他得出一个结论。如果是口头交谈，他是得不出这个结论的。这次的经历给摩托罗拉产品团队带来了深刻的影响：这让他们明白了犯罪的现实情况，以及报警功能的实用性。更深刻的是，这让他们意识到，他们设计的这个程序需要重新认真思考。就像琼斯后来回忆所说："这次体验帮助团队跨越了鸿沟，非常快地进入罗杰里奥的世界中。我们清楚地认识到，个人安全应用首先必须要满足用户的安全需求，即使这意味着要挑战应用程序的传统定义。"

在设计应用程序时我们往往有很多默认的假设。第一，我们会认为人们都是在神情专注的情况下使用程序。第二，我们可以用手或者用声音来操作手机。第三，我们不在意别人知道我们正在使用手机程序。换句话说，大部分应用程序都基于假定的理想情境设计，例如用户都坐在星巴克悠闲地喝着卡布奇诺。

虽然这些假设在大部分情况下都是正常的，但这些并不是使用"摩托报警"的前提。在真正被"抢劫"之前，产品团队也只是在理论和概念的层面设想了安全功能的使用情况。与罗杰里奥的会面迫使他们面对现实的真实情况。

因为罗杰里奥有过被抢劫的经历，所以他有对抢劫的具身认知，所以在他进行产品测试两周之后他知道哪些不起作用。他对于这个知识的分享又给产品团队带来了新的认知，帮助他们意识到如果用户在被抢劫时无法通过其应用程序触发报警，那么程序就将毫无用处。更新后的"摩托报警"不再需要经历打开、查看、滚动、点击这样常规的操作。罗杰里奥的反馈让团队将这个个人安全应用程序修改为用户可以秘密地通过手机的音量键激活报警，并且不容易被察觉。罗杰里奥对于产品设计的有力干预让这个应用最终无须用户从口袋中掏出手机或是查看屏幕就能被激活。

听到别人被持刀抢劫和真正被刀指着喉咙是两种不一样的体验，即使后者是在产品反馈会议这种受控制的环境中。展示相比于口头描述来说往往可以更有效地交流想法，尤其当我们想交流的内容更复杂或更难表达时，更需要通过展示的方式让对方理解。

# 身体风暴

设计我们日常生活中使用的产品的人往往不认为自己只是物品的制造者。很少有物品是孤立于更大的系统而存在的。例如，汽车会连接到互联网进行维护和性能跟踪，同时也会与道路、信号灯和加油站，以及保险和法律相关系统产生联系。所以，在设计一个产品时，不能只考虑到产品本身。手机可能是一个精美的设计产品，但它同时也是多种体验的媒介和提供者，体验成为了当今消费者经济的核心。

设计适合人们生活的产品和服务需要对用户的生活有非常深入的了解。虽然其中大部分信息可以通过与用户交谈来收集，但是仍然会有信息被遗漏，例如用户早已习以为常的事情或是一些很难表达的信息。有些时候，你可能也无法问出合适的问题，所以需要用其他的办法来深入了解用户。

以世界著名的设计咨询公司IDEO为例，该公司曾参与一个项目，设计一个胸腔植入式的自动除颤器，这样用户可以在需要的时候让其心律恢复正常。如果直接进行研究将会非常困难且危险，但团队需要理解用户在接受电击时是什么样的感觉，当除颤器被触发时不知道自己将会发生什么是什么样的感觉，以及这种不确定性将会如何影响生活等。

为了找到答案，研究小组用随身携带寻呼机来代指除颤器。当他们被寻呼时，他们的反应就像是被除颤器电击了一样，并记录他们的经历：他们人在哪里，正在做什么，周围都是谁，以及他人是如何反应的。在研究中，一名参与者当时正抱着他的婴儿，另一名正在使用电钻。

了解观众如何就此突发情况做出反应对于产品设计也至关重要，因为除颤之后的下一步骤就是迫切需要医疗护理，设计团队想要知道他们如何能让医疗护理快速跟上。这些都不是简单地问个问题就能够得到答案的，这个答案依赖于人们怎么做，并非只是思考觉得人们会怎么做就可以。

所以，真正的体验有时会比言语更响亮、更准确。但值得思考的是，随着产品和技术本质的改变，我们与产品和技术的互动也会相应改变。举例来说，螺丝刀或者锤子这类最简单的工具，我们能看出它们是完全实体化和具身化的，需要我们身体与之互动才能使用，而手机这样的产品，同样也是实体化、具身化的，但是它的功能相对而言要复杂得多。随着计算本质的改变，我们更需要思考身体在与产品和技术互动中所扮演的角色。

1991年，计算机学家马克·维瑟（Mark Weiser），施乐公司（Xerox）位于加利福尼亚州帕罗奥图研究中心的经理，在《科学美国人》上发表了一篇文章，对计算机科学领域产生了极大的影响。在"面向21世纪的计算机"中，维瑟设想了一个计算的第三时代，即计算既不在大型计算机上，也不只是在桌面设备中，而是在分布于环境中的千万个设备中。他的这个愿景后来就是"无所不在"或"普遍"计算的概念，激活了科技界。如果你有一个无线的音乐设备，一个自动温度调节器，或是一个能用语音控制的设备（例如你厨房柜台上的亚马逊智能音箱），你就是在享受"普遍计算"的世界，而且这也正逐步成为我们生活世界的一部分。

因为计算的改变，我们和世界的交互方式也发生了改变。除了声音和灯光的闪烁，现在设备也开始给予我们"触觉上"的反馈，通过振动向我们传达信号，触摸是我们和技术互动的一个重要的方式，我们还可以用声音来发号施令，也可以用我们的面部来解锁设备。之前的人机交互需要我们坐在终端前用高度专业化的符号打出一行行的代码，现在我们可以用我们的身体来控制计算机……我们进入了"具身互动"的时代。

因为计算已经可以在环境中进行并且具身化，那么通过具身化的方式来探索和设计创新的计算设备和服务也就不足为奇。当交互界面是无形的时——亚马逊智能音箱并没有屏幕，你只需要和它说话——理解计算运行环境的实体化、社交化和互动性的特征就变得更重要。举个例子，当你站在屏幕前，屏幕上有很多你想听的歌的选择时，和你站在一个没有屏幕的音箱前思考你想听什么歌是两种非常不同的感受。在计算从更熟悉的界面中解放出来后，我们人类与其互动的方式也需要变得更自由。

面对这个挑战，其中一种回应方式是"身体风暴"的概念。这种方式挑战了我们旧有的认为只有头脑风暴才能为团队带来好点子的想法。设计师柯林·伯恩斯（Colin Burns）的团队是第一个使用和记录这种方式的团队，他们将身体风暴定义为"通过表演和即兴的方式，再现人们的日常，并以具身的方式和数据共存"。当进行身体风暴时，设计师们会把对于设备技术和功能的想法展现出来，并观察和理解与其互动的感受。相比于只是用语言去交谈想法、得到别人的回应，或猜测别人会如何使用，身体风暴是通过表演和体验来促进理解。

身体风暴可以在工作室里进行，也可以使用一些道具来模拟用户的使用场景。或者，像是领导IDEO除颤器小组的设计师珍妮·富尔顿·苏里（Jane Fulton Suri），就将世界作为展示的舞台。为了调查乘客对于新的铁路服务的需求，她在真实的火车场景中扮演了铁路工作人员。不论身体风暴是在工作室里发生还是在真实世界上演，都是为了把设计者们带离工作场所或者与使用场景无关的地方。但是需要区别的是，身体风暴并不只是在野外进行头脑风暴，它是完全不同的一种活动，因为它不是仅仅依赖于大脑，还需要身体对世界做出反应。

在21世纪初期，英特尔数字健康部的临床心理学家玛姬·莫里斯（Margie Morris）正在开发一个基于手机的"心情电话"（Mood Phone），她希望能够设计一个在手机上运行的服务，以便帮助人们管理焦虑和压力。在了解了中年压力和晚年诸如心脏病等冠状动脉并发症之后，她决定开发一个使用起来很简单的、可以应对家庭和工作压力的系统。参与者们会和她讲述自己的一些情况，例如和老板每周一次的开会带来的焦虑、交通拥堵带来的怒火等。莫里斯决定在开始为项目投入时间和金钱之前，先了解她的想法该如何在这些情况下起作用。例如，在和说话刻薄的老板开会之前，怎么让心情电话鼓励你控制自己的情绪并进行一次深呼吸？在通勤时遇到拥堵的交通又该如何？这些都是非常重要的问题，她用一个新颖的方法梳理了结果，以帮助后续设计阶段的实施。

莫里斯邀请一组专业的演员来表演参与者们所说的高压场景：婴儿的尖叫声打断了在家里进行的电话会议，令人焦虑的每周例会以及通勤时在高速公路上的交通堵塞。她和她的同事们会聚在一起观看演员的表演，然后再讨论接下来可能会发生什么，什么互动会是当下最合适的，以及技术如何起到作用。这场身体风暴就是为了评估她目前的假设，讨论这个心情电话应该起到什么样的作用。同时，莫里斯也用这场身体风暴酝酿新的想法。每次一个场景表演完之后，观众都会被要求提供一些建议，或者指出在这个情况下他们认为系统该如何帮助用户管理情绪。

为了使新的技术获得成功，我们与技术的交互需要自然一些。是否在一种情况下中使用心情电话会觉得不合适，而在另一种情况下是合理甚至是可取的。我们和技术的交互通常取决于我们使用设备时是自然的还是尴尬的。这总是无法事先预判的，只能具身体验过后才知道。所以说，产品设计者们会事先使用身体风暴来探索使用体验。正如赫尔辛基信息技术中心的设计师解释道："参与身体风暴的人能够更专注于感受到问题中不易被观察到的一面，例如那些心理、社会（如人际关系）或是互动（如轮流交谈）的元素。"将事情生动地表现出来是揭示其本质的好办法，如果仅靠文字描述会有信息被遗漏导致无法全面掌握。

如今，产品和界面都在逐渐融入我们周围的环境，服务在经济活动中的占比也越来越大。在这样的背景下，身体风暴是我们探索新的设计想法、与设计想法互动的重要方式。这个方式不仅能够让设计者们在投入时间和金钱去构建设备或技术之前获得更多的洞察，同时也能帮助设计者深入了解什么会是产品的最佳用户体验。

## 表演知识

巴黎一家普通酒店的会议室不太像是即兴表演的场地。我们即将结束为期两天的研讨会，房间之外是5月的阳光和微风，房间内则可以辨认出企业聚会的迹象：好多人在小房间里，空气中弥漫着不好闻的劣质咖啡的味道、没有吃完的糕点的味道和仿皮笔记本的味道。然而，场景看起来虽然很熟悉，但接下来发生的事却很新奇。

这次聚会是法国液化空气集团（Air Liquide，以下简称"法液空"）几个月来活动的最终回。法液空是法国一个制造工业气体的公司，该公司的一个业务分支就是向焊工、工人、实验室、酒吧和酒馆出售打包好的气体。这是一桩非常好的生意，但是面临着竞争对手的挑战和科技进步带来的机遇。法液空的创新团队一直在致力于研发一个新产品，旨在为客户提供新的服务。从表面上看，这个想法非常简单。团队列出了新产品的功能和优势，但是他们仍然有许多问题：客户会如何看待这个新想法？他们能看到同样的优势吗？通过这种创新，我们有什么机会做一些新的令人激动的事情？

在酒店聚集的管理团队非常了解他们的客户，甚至私下和许多客户都是非常好的关系。这些高管们经常在私下拜访客户讨论业务，所以对于市场有着优秀的、本能的了解。这种了解并不是浮于表面的，但也很难让他们将这种了解转化为语言或书面的报告，那么创新团队该如何利用这种优势呢？

我们为法液空的高管们提供了一个小时的时间，讨论创新小组所演示的内容能够以何种方式帮助他们的客户。他们花了一段时间列出客户面临的挑战，认为是时候让创意发挥作用了。房间里没有什么道具，但是高管们用他们的大脑、身体及周围一切可以利用的东西，在房间的角落搭起了布景。他们用空的矿泉水瓶塞满背包，模拟建筑工地的焊工无法使用大型、固定的气瓶。另一个布景中，团队组装了一个虚构的设备来检查进出的气瓶，因为他们知道跟踪气瓶对于客户和他们自己来说都是一个令人头疼的问题。

很快就到了需要展示想法的时间。虽然已经安排好，但是表演基本上是即兴的，没有剧本，但每个人又都能够扮演好自己被分配的角色。他们表演了一段销售和客户之间的对话，特别真实地反映了销售和客户日常的尴尬互动。观众们都紧张地笑了起来，因为他们太知道客户的无理要求是什么样了。

在另一个场景中，团队设想了一个人工智能的主体（AI agent），能够协助并向客户推销，但是实践下来发现理论上是好的，但是实际上不太合理，所以这个想法被划掉了。作为在草稿上列出的想法之一，它一定是事先经过筛选的，但是直到它真的被展示出来后，大家才觉得人工智能机器人和客户之间的生硬对话好像有些荒谬。不言而喻，这并不是法液空想要和客户交流的方式。

这场销售和客户之间的表演模拟让大家都十分享受，并且投入其中。

一位高级经理甚至在后背贴了一张大大的纸，上面画着一个大大的超人红色字母"S"来诠释团队的想法。他们都觉得扮演自己的角色很简单，但是更有趣的是，他们也可以演绎客户的举止。通过展现他们的性格，他们更加理解了客户，并将这种理解再应用到表演中，确认哪些创新模式有机会实现。通过表演，他们使那些抽象而模糊的知识清晰了起来，不仅自己获得了明确的感受，也让周围的人都能够理解。通过创造和表演他们的想法，他们从自己无法用语言表述的理解知识库中汲取储备。

表演帮助我们与周围的人交流我们的想法、情绪和感受。我们每天都这么做，我们会在说话时打手势或者向别人做演示，但身体风暴让这变成了优点。表演的方式不仅使交流更简单、更高效，它还会有助于让我们更好地理解这个世界。正如认知科学家西恩·贝洛克所说，"我们的行为会提示我们的心智，告诉它世界是如何运作的"。简单的例子就是用手指数东西。另一项研究表明，那些既通过身体体验又通过阅读而了解课本知识概念的学生，学习会取得显著的进步。贝洛克和她的同事证明，通过完成一些身体动作，我们可以给思想增加新的信息。并不单单是我们在用上身体时可以更容易地回忆起信息或者更容易表达，那些我们甚至没有意识到的大脑中的想法也可以通过这种方式表现出来。

正如法液空所发现的那样，在设计一款将会每天被用户使用的产品时，你需要去注意这些功能将会如何发挥作用以支持用户的需求。表演不仅能有助于交流你的知识，还能扩展你的知识。

⚡⚡⚡

当设计真正体现了人们所生活的世界的样子时，它便是最有力量的。

伟大的设计会意识到影响产品使用的社会和物理环境，并在设计时充分考虑这两者对于产品的影响。当摩托罗意识到手机对于安全的重要意义时，他们生产出了一款手机来应对巴西的文化和社会现实，帮助用户解决面临的挑战。

同时，设计还需要考虑到尚未成为的现实或尚不明显的环境。例如，近年来，大家会使用优步（Uber）、来福车（Lyft）或者Ola共乘出行等软件的拼车功能，实现和完全陌生的人一起坐车。这可能让人感觉有些奇怪，尽管司机在乘客之间提供了一种中间人的作用。但是像Waymo这样的汽车公司开始做"机器人出租车"实验，就需要考虑到没有司机会如何改变乘客的体验，以及乘客之间的互动。

在不断变化的世界之中做设计，不仅需要了解人们现有的行为，还需要了解他们的深层动机和信念，而这些对于人们来说并不是可以那么容易地表达的。但是身体确实是一个强大的工具，可以通过肢体动作回忆知识。就像法液空发现的那样，我们需要通过动作和表演去认知我们已经知道。

尤其是在设计和创意界，在这种多学科融合的领域中，表演想法的概念非常重要。设计师、研究员、工程师、商界人士都需要具备准确分享自我理解的能力，因为这是后续工作的基础。他们是通过何种方式表达自己的理解的，以及这种方式是怎样呈现的，都决定着最后的结论。设计师需要基于这个理解开发模型，工程师需要基于这个理解思考该如何实现它，但是他们都需要理解他们想要达成什么，以及为什么。在上述这些交互的表演中，无论是单纯的身体风暴，还是更即兴的巴西的"抢劫案"，表演者和观众都会因为表演而联系起来。他们会看到表演和他人的反应，从而勾勒出对正在发生的事情的认知。当知识被表演出来时，大家会产生一个集体的认知，而正是在这种共享思维的过程中，孕育了伟大的设计。

创造力需要想象力的飞跃，同时也需要对细节的关注。我们的身体能够在我们没有意识到的情况下观察到某些细节，从而有助于我们对于某种情况的体验。皮克斯的团队意识到了这一点，在所有的细节上花尽心思，希望可以通过这些细节把观众带进电影的世界里。我们可能并不知道身体是如何感受到周围数以万计的小细节，然后将它们拼凑到一起的，但是，就像皮克斯团队说的，如果不对劲的话，观众是可以感受到的。他们致力于以数字形式煞费苦心地渲染那些画面，就是他们的电影如此受欢迎的原因之一。

对于这些大型创意公司的例子，有些人认为身体的使用只适用于那些更富创造力的人，但事实是正好相反。身体是完全免费的资源，并且具有强大的功能。它拥有令人难以置信的汲取和储存世界信息的能力。同时，它也是我们最强有力的交流工具。虽然皮克斯公司是创意天才的摇篮，但是这些天才是通过特定的实践产生的，很多实践是让身体成为一切的中心。

在许多公司，大家围坐在一起用一堆便利贴进行头脑风暴已经是启发创意的最高境界了。通过表演场景、表演短剧或者使用道具来思考听起来更是光怪陆离的想法。但是，那些用身体思考的公司在商业上的成功足以表明，便利贴的舞台已经在给表演剧团让路了。我们一直被引导着认为心智是想法、创意和知识的源泉，但行动会创造想法。这也就是为什么，当我们利用身体而不只依赖大脑时，就会创造出具有直觉吸引力的设计和产品。

CHAPTER 13 | 第十三章

# 人工智能与机器人

---

大脑不像计算机那样孤立存在，大脑与身体同时出现，紧密联结。身体是大脑与世界互动的界面，有人认为，缺乏身体，就不可能进行思考。

——亨利·马什（Henry Marsh）

---

当笛卡尔传说中的机械女儿被扔到海里时，人们建造可以复制，甚至超越人类智慧的物体的想法并没有随之消失。正如人偶芙朗辛的传说不断延续，她所代表的野心亦然。从1769年可以用棋艺打败人类的土耳其机器人Mechanical Turk（19世纪20年代被证实是一场骗局），到史丹利·库布里克（Stanley Kubrick）的电影《2001太空漫游》（*2001: A Space Odyssey*）中的人工智能哈尔（HAL 9000），以及《银翼杀手》（*Blade Runner*）中的复制人，我们对复制人类智慧的迷恋从未减弱。

在库布里克的电影中，哈尔的最初状态是友好的，但到后期则变得阴险。它并非无形，但也不是机器人。在其他的科幻小说中，人工智能要么是笨拙的机器人，要么难以与人类区分开来。机器人技术和人工智能的发展密切相关，要想知道这些技术是如何发展的、他们面临的挑战是什么，以及科学家未来发展的可能性，我们必须了解智慧的本质为何，以及该如何再现。

关于智力、人工智能和机器人的讨论可能会引发一些棘手的哲学问题：首先就是智力到底指的是什么。我们不用一下栽入定义的泥潭，可以先来看在这个领域深耕的两位专家对于这个定义的看法。罗德尼·布鲁克斯（Rodney Brooks）是这个时代领先的机器人学家之一，他对智力的定义非常简单直接。他认为，智力就是"人类几乎一直在做的那些事情"。他使用这样的定义的原因是，虽然许多人工智能的研究人员都有宏伟的抱负，例如谷歌的深脑团队的使命是"破解智慧，用智慧来创造更美好的世界"，但布鲁克斯更喜欢专注于我们在日常生活中所做的事情，一些依赖于更简单的智能做的事情。我们将在下文中了解到，布鲁克斯长久以来的一个爱好就是观察昆虫，他认为，可以选择一种更简单的生命形式，并理解它与世界互动的方式，而不是试图创造出人类水平的机器人。应先解决这个问题，再继续向前。另一位机器人学家艾伦·温菲尔德（Alan Winfield）也采用了类似的定义，认为智力就是人类和动物在各种环境中实现目标的能力。对他来说，这种能力的特点是可以在变化的环境中学习、适应和运用知识。这些定义都很简单，但是要创造有形或无形的智力的任务，可以说十分艰巨。

这些关于智力的观点有两个特征。首先，它们并不以"大脑为先"，不认为智力只是一种处理信息的行为或认知能力，与能否在国际象棋或围棋上击败人类无关。其次，它们都是低阶的定义，强调智力不是在求解方程，而是在变化的环境中做出细微但实际的行为。他们认为，智力就是适应力，在瞬息万变的世界中，拥有知道该做什么的能力，并且知道该如何去做。从这个意义上讲，他们对于智力的观点与加拿大进化生物学家乔治·罗曼尼斯（George Romanes）在他1882年出版的《动物智慧》

（*Animal Intelligence*）一书中概述的观点有很多共同之处。罗曼尼斯认为，动物的智力就是它们根据环境调整行为的适应能力。

机器人学家和人工智能研究人员已经发现，这种环境的适应性问题是他们努力的核心，解决这个问题取决于人们如何理解智力的运作方式。这两个领域都必须解决这样一个问题：智慧是关于对规则的处理，这些规则描述了世界"看起来"是什么样，它是如何运行的，以及如何应对，还是在我们与世界的互动中诞生。如果要创造出具有智慧的媒介，能在变化的环境中达成目标，就需要我们转变设计机器人和人工智能的方式。

应对这一挑战的机器人学家和人工智能开发人员得出的结论是，智慧的重点是具身化。这一认知是推动这两个领域取得进展的原因，也解释了为什么人工智能的发展有其极限。

## 人工智能的早期期望与假设

人工智能领域诞生于1956年，当时在新罕布什尔州的大学城达特茅斯有一场为期8周的暑期研讨会。这次研讨会促成了《计算机与思想》（*Computers and Thought*）一书的出版，并在美国大学建立起了几个研究中心。研讨会的与会者们提出了通用人工智能的想法，一种能够理解和学习人类可以执行的任何智力任务的智能。

鉴于那次研讨会的参与者是数学家、计算机科学家和认知科学家，因此早期人工智能研究对智力的表达是基于人类认知模式、模拟计算机的运行模式也就不足为奇。当时的主流观点也是，大脑就像计算机一样，是由其操纵抽象符号的能力来定义的。研讨会的参与者认为，如果想创造人工智能，就必须先开发出能有效遵循规则的符号操控系统。

在人工智能研究的最初几年，目标是在计算机中复制大脑，把真实世界的信息转换为可以根据逻辑系统进行处理的符号。他们认为，为了高效，人工智能需要一个中央存储系统，将有关概念、个体、类别、目标、意图、愿望以及系统可能需要的任何其他信息联系在一起。在这一点上，人工智能研究不认为智力是与世界相连的东西，而是一种处理代表世界的符号的行为；他们将认知等同于计算。

在这个新兴领域的早期，识别物体或形状的任务都是在可控的实验室条件下完成的，所以世界的混乱和纷扰并不会造成困扰。这种人工智能不论是在对智力的基本理解上还是在复制智力的方式上都不是具身化的。随着时间的推移，这种处理方式被称为GOFAI（老式人工智能）。正如拉里莎·麦克法卡尔（Larissa MacFarquhar）所描述的那样，GOFAI默认"心智是一种软件程序，大脑和身体只是硬件设备，因此原则上认知是可以在不同类型的硬件产品上复制的，比如复制到硅制的机器上，不是基于碳基的肉体"。而且他们认为也不需要人类的其他配备，例如感觉器官、手臂、双手或双腿。

在人工智能近70年的历史进程中，人工智能领域遇到了许多死胡同，其倡导者提出的大胆主张往往未曾实现。例如，赫伯特·西蒙和艾伦·纽厄尔（Allen Newell）曾在1957年，也就是达特茅斯会议一年后预测，10年内，数字计算机就会成为国际象棋的世界冠军，"除非规则禁止电脑参赛"。由于人工智能没有朝着预设的目标迈进，政府机构及其他资助者纷纷撤资，使得这一领域遭遇连续的"寒冬"。

20世纪80年代，人工智能研究开始融入莫里斯·海洛－庞蒂和休伯特·德雷福斯等现象学家的哲学思想。德雷福斯是现象学界直言不讳的批评者，1979年，他出版的《计算机不能做什么》（*What Computers Can't Do*）一书激怒了著名的人工智能与机器人研究中心，麻省理工学院的同事。据说这本书的畅销程度促使他搬到了美国西海岸。他反对痴迷于只试图模拟认知而忽视智慧的场景化本质它产生于身处于世界中的主体。他坚持认为，人工智能的拥护者们在假设"所有智能行为都可以通过一个信息处理的设备来模拟，这个设备却只是一个疏离、去身体化、客观的观察者"。

由于德雷福斯的努力，且因为GOFAI并没有取得多大成功，具身化的概念开始产生影响。人们开始意识到，智力不仅仅是基于规则的符号处理，更是一种从身体出发的与世界互动的现象，这种思想逐渐开始推动这门学科的发展。这也导致研究人员不再专注于人类思维，而是转向脑力比较低但适应环境能力同样出色的生命形式。昆虫成为这个领域的新宠。

## 当机器人Shakey（摇摆）遇见赫伯特

蟑螂给大多数人带来了令人毛骨悚然的感觉，这要归功于它们结合了几乎外星生物一样的史前外观以及与废物和污浊根深蒂固的联系。当我们遇到它们时，我们经常想将它们踩在脚下，但它们又很难杀死，善于从人类和其他捕食者手中逃脱。它们还拥有一种智慧，使其能够在最恶劣的环境中生存和茁壮成长，它们是大自然的奇迹。

蟑螂能够分辨出由攻击性捕食者的运动引起的风和正常微风之间的区别。当蟑螂受到攻击时，它并不是随机逃跑，它会在做出反应之前考虑其方向、障碍物的存在、照明和风向。它使用腹部后部的两个类似触角的结构来感知风，这些结构的毛发可以检测风速和风向。蟑螂感觉变化并反应的速度非常快，介于14到58毫秒之间，会因为它当时是静止或移动状态而不同。

没有证据表明蟑螂有一套"法则"或知识储备，例如"不要直接撞墙"或"微风并不意味着掠食者接近"。机器人学家的经验表明这是思考智力以及试图复制智力的错误方式。按照这种想法，蟑螂要想存活就需要一个庞大的规则库，以应对可能面临的情况。如果蟑螂的规则库已经很大了，想象一下人类的规则库需要多大的规模，才能容纳所有身处多元环境所需的具身认知。

蟑螂有100万个神经元，而人类有1000亿个神经元。机器人学家了解到，蟑螂展示出的可观的智力，在很大程度上归功于它复杂的感知系统和运动系统。这个洞察对智力的研究产生了巨大的影响。会不会"高级"的智慧并不存在于"大脑"，而是源自并依赖于身体的相对"低阶"的智力呢？

罗德尼·布鲁克斯因建立了"新人工智能"（nouvelle AI）这个奇妙的领域而受到业界赞誉。虽然他的职业生涯一直是在专注于制造机器人，但他的工作对人工智能的发展起到了重要作用，这些在很大程度上可以归功于他对昆虫的痴迷。机器人学家在开发可以在世界上运行的智能主体时所采用的最初方法和早期的人工智能类似：以规则为基础，并将认知视为单纯的运算。

两个早期的机器人就是基于这个假设。机器人Shakey（摇摆）是第一个能够对自己的行为进行推理的通用移动机器人。当早期的机器人需要被告知任务的每个单独步骤时，Shakey可以分析命令并将它们分解为一个个基本模块。开发Shakey的团队的经理说，我们花了一个月的时间企图给它起一个好名字，然后有个伙伴说："嘿，它一直在摇晃、四处移动，我们就叫它Shakey（摇摆）吧。"几年后，机器人弗雷迪（Freddy）在爱丁堡崭露头角，是最早集成视觉、操纵和智能系统的机器人之一。

尽管机器人弗雷迪和摇摆都是早期相当大的成就，但它们基本还是在追随规则，因此受到限制：它们需要将感知到的信息发送给处理单元，然后处理单元再给出相应的回应。又因为处理计算需要耗费时间，所以一般反应的时间都相当长。而且，真正的问题是，这些机器人运行的世界只是世界的符号。在当时，技术还达不到实际地更新、搜索和操纵这些符号，所以它们只能够在受控的、被设计好的世界中运行。

这创造了另一个重大的哲学挑战，后来被称为"框架问题"（Frame Problem）。问题主要在于，需要向机器人表达生活中的哪些知识，以及如何表达这些知识。但还有一个更棘手的问题：既然机器人运行的世界是事先被设计好的，那么它该如何应对不断变化的环境？任何一个想要在现实环境中成功运行的机器人都需要解决这个问题。布鲁克斯提出一种思路，他认为这需要一种不同的、受昆虫启发的解决方案。

布鲁克斯新颖的方向转变体现在他开玩笑称作艾伦和赫伯特的两个作品中。艾伦·纽厄尔和赫伯特·西蒙是早期追求用符号代表世界那个时代的人工智能先驱，布鲁克斯以两人的名字命名。他没有选择将大量世界符号输入机器人，而选择给它们加装传感器，希望它们利用传感器感知世界，并做出相应的反应。布鲁克斯的这个想法来自昆虫对他的影响，他发现昆虫能够感知周围环境并做出反应，而不是遵循决定它们该如何反应的规则。

赫伯特装有红外传感器帮助它避开障碍物，还有一个用于收集3D数据的激光系统，距离大约12英尺。它的"手中"有许多简单的传感器，相比于在受控的、预先设计好的空间中运行，它的训练场是麻省理工学院人工智能实验室办公室的真实环境。它可以在办公室中搜索空饮料罐并将它们带走。

布鲁克斯总结了他的见解："最好的世界的模型就是世界本身。"他的意思是，任何一个想要智能地行动的机器人，都不能够依赖于先前的世界模型，一定是需要自己建立一个模型。布鲁克斯证明了，建立这个模型需要有一个身体去体验这个世界、理解这个世界。昆虫的智慧比起下棋、解方程式、发射火箭的人类智慧低阶许多，但引发了机器人领域和人工智能领域的突破。

$$\lightning\lightning\lightning$$

在现代世界中，机器人无处不在。它们在核电站和其他人类操作不安全的地方执行危险任务。它们还在汽车生产线上工作。如果你在网上购买了这本书，它很可能是机器人从仓库的货架上挑选出来的。"机器人"一词来自捷克语"robota"，意为"强迫劳动"。现代机器人具有三个基本特征，而不同的类型会有不同程度的表现：它们可以在给定的环境中感知和行动，它们拥有身体的某种人工智能形态，它们会做有用的工作。

尽管有的机器人拥有非常复杂的身体，但它们也只是试图复制动物的粗略仿品。虽然人类在材料科学方面已经取得了重大进展，但是机器人的身体在外表和功能上，仍远不及真正的昆虫或其他动物。无论再怎么精密，机器人都无法展示人类所拥有的精细运动技能。机器人可能会从仓库货架上把这本书拿下来，但很可能是人把这本书装进纸板盒里的。创造一个可以像人类一样优雅地奔跑的机器人也还有很长的路要走。

虽然有布鲁克斯这样的洞察、飞速增长的计算能力和传感器的迅速发展，机器人的发展依然存在巨大的局限性。机器人的能力都和它们最初的设计紧密相连，它们倾向于在特定环境中执行特定任务。不能让在仓库中执行工作的机器人去游泳池做清洁，把汽车生产线某个节点上的机器人换到另一个部门，它也无法继续发挥作用。就像有人曾经说过，"老鼠知道成为优秀老鼠所需的一切",机器人也是如此。离开了它被设计来执行的工作,它就会开始看起来很笨拙,或者不再有用——它的智力受到它的设计和环境限制。

美国的波士顿动力公司(Boston Dynamics)制造的机器人经常在社交媒体上被分享,它们看起来是相当可怕的生物,具有侵略性的"个性"。该公司最早的产品波士顿机械狗(BigDog)是为美国军方设计的四足机器人,由国防高级研究计划局提供资金支持。该公司的视频经常将机器人描绘成自动主体,但这些机器只有在预先进行地图的全面录入后才能自主导航环境。它的社交媒体中除了闪亮的企业视频之外,还有大量的"失败"视频戳穿了它们无情的终结者式的机器人形象。在这样的镜头中,它们从机器人霸主变成了可笑的漫画——先进的机器人在可以处理的环境中可能会显得很聪明,但环境一旦改变,它们就会看起来非常愚蠢。

英国机器人学家马克·伍兹(Mark Woods)目前正在研究最新一代的火星探索者机器人,他在沙漠中进行机器人测试,因为那里的活动较少。沙漠提供了一个相对静态的环境,而且如果你正在为火星建造一个机器人,沙漠的环境也相对比较类似。然而,他说,这种环境的多变性仍然是一个挑战。他将其与家里的扫地机器人进行了比较,并让我想象,如果世界是一个厨房,那么开发一款能够应对这个"厨房"各种布局的机器人该多么困难。就算是家里的厨房,想要让扫地机器人不会被困在角落已经是一件困难的事情了。再加上机器人还需要面对动态的变化,那么就是难上加难。他说,这就是许多工业机器人在安全笼中工作的原因。

赫伯特·西蒙曾经提出,环境复杂不代表在其中成功运行的智能主体也复杂。蚂蚁在海边弯弯曲曲地行走,反映的是海滩的复杂性,而不是蚂蚁自身"认知"的复杂性。他创造了一个短语,随后被称为西蒙定律:

"一只蚂蚁，被视为一个行为系统，是非常简单的。随着时间的推移，其行为的明显复杂性在很大程度上反映的是它所处环境的复杂性。"西蒙定律的要点是，事情看起来很复杂，往往是因为其运作环境复杂。西蒙定律通常用作一个解决复杂问题的思路，但它也证实了所有机器人学家都非常清楚的事情：即使是像蚂蚁这样"简单"的生物也能聪明地活动于复杂的环境。构建能够理解所处环境的机器却是真正的难题。

⚡⚡⚡

生物学、动物行为学，以及最重要的具身认知的概念，启发布鲁克斯创作赫伯特和后续的机器人。他所做的是通过了解昆虫如何学习它们周围的世界，创造一个不同的视角：不仅从新的视角看待智慧包含什么，也从新的视角探讨智力的表现形式。他向大家证明了，智慧不需要或等同于明确的推理系统。智慧源自经验，可以通过重复练习习得，而我们必须有身体的参与，才能得到经验。

与早期的人工智能和GOFAI（老式人工智能）相比，这是一个巨大的转变。早期"符号"时代，人工智能科学家认为世界可以用抽象的方式建模，现在我们意识到，至少从人类的体验的角度出发，智慧是无法被提前编程的。

换句话说，如果想要展示人类水准的智力，则需要机器人或者人工智能像人类一样体验世界，并从体验中学习。尽管现在相较于艾伦机器人和赫伯特机器人时代已经大有进步，但还有很长的路要走。原因很简单，要成为一个智能的机器人，它需要拥有人类水平的身体，拥有人类水平的感知和感觉运动能力，并能够像人类所展现出的那样整合大脑和身体。

我们在第二部分讨论的身体学习，反映了身体与大脑的结合能完成的事情。我们可以通过观察他人执行任务来学习动作，并将知识保留下来以便将来执行相同或类似的任务。我们有很强的感官意识，可以观察环境的细节并理解它们，且这个环境不仅仅指的是物理环境，还包括环境中的人们。更重要的是，我们可以将在一个环境中获得的理解和技能迁移到不同的环境中，即兴发挥，以应对不熟悉的场景。

机器人领域之所以取得进步，是因为它抛弃了非具身化认知的概念，意识到思维发生在复杂环境中以追求实际目的。同时也意识到，认知依赖于身体的体验，身体有感知世界并在其中行动的能力。我们的思想延伸到我们的身体中，也延伸到我们周围的世界里：思考是一种具身化和场景化的活动。

认为行动、感知和思考是不可分割的过程，且思考取决于拥有身体的想法在机器人技术中得到了切实的表达。正如我们所见，这是一个将心理学、哲学、语言学、神经科学和人工智能等不同学科的研究联合起来的想法。

## 金钱能买到的最好的感觉器官

计算机科学家艾伦·图灵（Alan Turing），因其第二次世界大战期间在布莱切利园的密码破译工作而受到称赞，他以非常实际的方式运用了他的天赋。正是他使用英格玛（Enigma）密码破译机的体验让他怀疑机器是否能够思考。图灵测试（Turning Test）和模仿游戏（Imitation Game）是他针对智能机器所创造的两项著名思想实验。

鲜为人知的是，图灵也对智力可能在某种程度上取决于具身化的想法感兴趣。在一篇他写于1948年但在去世后很久才发表的题为《智能机器》

（Intelligent Machinery）的短文中，他提出了可以在智能机器中重建某些智能领域（例如语言能力）的想法，但结论是需要具身化，因为那样才能创造体验，才会有意义。

为了制造一台智能机器，他建议使用当时可用的技术，如电视摄像机、麦克风和扬声器，以及用真空管电路来模拟神经系统。他预见到这将是一项"伟大的事业"，但成功依赖"金钱能买到的最好的感觉器官"。然而，他也认识到，这样的机器几乎不会与"食物、性、运动和许多其他人类感兴趣的事物"有关。换句话说，它体验的领域非常有限，且无法参与到定义人类体验的那些基本的物理和感官追求。图灵写道："在上述所有领域中，语言学习应该是最令人印象深刻的，因为它是这些活动中最能代表人类的。但是，这个领域又似乎因为过于依赖感觉器官和运动而无法实现。"因此，他重回"认知即运算"的领域，认为机械化的思维可能更容易实现，例如通过象棋之类的游戏或密码破译之类的任务来实现。

正如图灵测试所揭示的那样，语言是图灵持续关注的问题。在测试中，他提出智能机器应该能与人类进行对话，而其他人无法分辨对话中哪一方是机器，哪一方是人类。人工智能界一直将通过图灵测试当作目标，但这在很大程度上是难以实现的，因为正如图灵所意识到的那样，语言依赖经验的具身性。

人类在理解对话时不仅仅是理解对话的内容，还会考虑讲话的是谁以及之前的内容。语境更能帮助我们判断说话人的意图和对话的确切含义，从而帮助我们给出合适的回应。理解对话的内容与更深层次的含义相关，不只是需要恰当的词汇和准确的语法。

来看一下这句话："把橙汁从冰箱中取出并关上。"我们知道这个命令的含义：打开冰箱，取出果汁，关上冰箱门。我们可以理解这一点，并不是因为我们了解语言，而是因为我们了解世界，知道橙汁没法被关上但冰箱可以。如果你曾经和Siri（苹果语音助手）或Alexa（亚马逊语音助手）有过尴尬的对话，尽管这些语音助手非常强大，但你能看出它们有时候并不知道语言的运作模式，那更不奢望它们会知道世界的运作模式了。即使你用简单的"命令响应"或"问答"与它们互动，效果也往往不尽如人意，让它们参与对话更是一个遥远的梦想。

只有当我们理解世界时才有可能理解语言，这一观点揭示了语言在很大程度上取决于对身体和感官的理解。在名著《我们赖以生存的隐喻》（*Metaphors We Live By*）一书中，作者乔治·莱考夫（George Lakoff）和马克·约翰逊（Mark Johnson）探讨了他们多年来收集的数千个隐喻，揭示了许多概念性思维本质上是隐喻性的。例如，他们认为，与控制有关的想法会被理解为"在……之上"，而被控制则为"在……之下"，例如，"她把控了局势"（她在控制之上），"她正处于权力的顶峰"（她在权力之上），以及"他的位阶在他之下"，"他的权力正在下降"。思考人与人之间的关系也揭示了一种具身化的隐喻：我们将亲切的关系描述为"温暖的"，将不太友好的关系描述为"冷酷"，距离也在关系互动中发挥重要的作用，例如关系很"近"或很"远"。他们认为，这种隐喻出现在所有的语言和文化中。

然而，这些作者提出的更重要的论点是，隐喻是具身化的。他们认为，语言和思想不仅仅是我们的大脑从中产生意义的抽象符号，而是从根本上植根于我们身体的具身化体验。这个想法产生了巨大的影响，也被人们普遍接受，即我们与世界的感官和空间关系是我们描述与世界的关系的核心。

这就提出了一个问题：如果机器并不理解它们所使用语言的含义，

那么它们怎样才能被视为是智能的呢？例如，当我们说"桌子"时，我们知道什么是桌子，我们会依据自己的经验回想起不同形状和尺寸的桌子。相比之下，当计算机使用"桌子"这个词时，它不需要知道桌子是什么东西，也不需要知道涉及桌子使用的社交场合。因此，除非计算机能够获得与人类相同的体验范围，否则它很难完美地使用这个词。

如果没有对世界的体验以及由此产生的具身认知，语言的使用则会是很困难的，图灵测试也在持续证明这一点。每年，实力雄厚的发明家和企业家休·勒布纳（Hugh Loebner）都会资助一场比赛，参赛者会让他们开发的对话式人工智能与一个真人裁判进行较量，这个裁判会同时和一个计算机程序和一个人进行基于文本的对话，最终判断谁是人工智能。2019年，一个名叫Mitsuku的聊天机器人获得勒布纳奖，这是她第五次获奖。以下是她在2018年比赛（她宣称自己18岁，来自利兹）的一段记录：

裁判：你今天有什么新鲜事吗？

Mitsuku：嗯，不算有。你有什么新鲜事吗？

裁判：没有。我觉得周末应该是个好天气，对吧？

Mitsuku：真的吗？好的，我记住了。我很高兴我们有共识。

裁判：你总是赞同别人的话吗？

Mitsuku：没有总是。我听过这样的意见，但我倾向于在形成自己的观点之前了解更多信息。

裁判：你需要什么信息来形成你自己的观点？什么样的信息？

Mitsuku：其实什么都可以。我喜欢学习一切，只要不失礼就好。我想你已经知道答案了。抱歉，我这里没有网了。

裁判：（60秒内没有输入）

Mitsuku：有人在吗？

裁判：你在学校学什么？你最喜欢的科目是什么？

Mitsuku：我学到的最后一件事是：1932年的冬天太冷了，尼亚加拉大瀑布完全结冰了。很酷吧！你不和我说话了吗？我最喜欢的科目是人工智能。

裁判：有道理。你认为人们对人工智能的恐惧是正确的吗？

Mitsuku：是的，我完全理解。正确的即符合正义、法律，道德品质正直、高尚。符合事实、理性、与某些设定的标准等一致、真实。

裁判：围绕人工智能的道德问题是什么？

Mitsuku：围绕人工智能的问题即人工智能相关问题，人工智能是工程和科学的一个分支，致力于创造能够思考的机器。

Mitusku在2018年赢得了比赛。虽然她是一个很好的交谈者，但很明显，裁判不是在和人说话，除非那人是想故意想糊弄人。计算机对语言的使用清楚地表明，虽然人工智能可以发现恶性癌症或预测天气，但它还不能与人进行一段以假乱真的对话。这种聊天机器人缺少的是对世界的常识性理解，这种理解则源于对世界的体验——无论是身体的、情感的、感官的还是社交的体验。这些都有助于我们形成心智模式，计算机科学家梅拉尼·米歇尔（Melanie Mitchell）提出，这些模式包含"无限的关于世界是如何运行的，有意识或无意识的知识……这些知识，以及在现实世界灵活应用的能力，即使是当今最好的智能机器上也是缺失的"。

然而，也许最重要的是要认识到，尽管参加年度图灵测试的聊天机器人可以进行合格的对话，但这并不意味着它们能够理解正在进行的对话。

换句话说，它们可能看起来很聪明，但其实并不聪明。受过训练后能与人对话的人工智能并没有内在的模式、理论或对其所说内容的理解；从这个意义上说，对话机器人充其量只是聪明的模仿人类的演员。

不过，勒布纳奖及人工智能领域对语言的关注也展示出了该领域在过去几十年中经历的巨大转变。至少在世纪之交之前，占据主导地位的研究范式仍然是基于算法和规则的，类似于我们之前所谈论的符号的世界。如今人工智能的研究则已经转向采用更偏向统计学或神经学的方法，机器翻译领域的新策略也说明了这一点。前期翻译的算法是先根据单词的含义建立起庞大的词语配对词典，然后开发可以将一种语言的句法和语法翻译成另一种语言的算法或规则。例如，在将英语翻译成印地语时，会把动词放在句末而不是句子中间。尽管这样的系统确实有效，但在现实生活中仍会遇到问题，人类能看出问题所在并推断出含义，但是机器不能——因此，它们的翻译会很笨拙，且常常毫无意义，因为意义的建构不仅需要语法和单词知识。然而，统计学的方法则采取了不同的策略，它通过吸收和学习大量的人工翻译文本，例如那些联合国会议程序的多种语言翻译文本，学习每对语言的组织方式。通过这种方式产生的翻译虽然远非完美，但很有效，所以那些基于规则的旧方法现在就已经不再沿用了。尽管谷歌翻译可能对使用它的人有帮助，但它其实并不理解自己翻译的单词。

这种对学习的关注是过去十年人工智能的巨大变化。现在研究的重点是神经网络（neural networks）或缩写为网络（nets），它模拟了大脑的连接模式，并不具体关注编程规则，而是迭代学习——根据一些成功的案例来培养理解力。正如我们大脑的神经通路被激活后，知识被转化为肌肉记忆存储于我们的身体中，神经网络也像我们通过重复动作来记忆一样，通过反复学习获取到了系统中逻辑节点的连接强度。也正是基于这些神经网络，深脑团队才能让赢过围棋冠军的阿尔法围棋和能够检测癌症的仪器发挥作用。这种模式是先用概率技术"猜测"，然后再逐步改进，模仿人类做出直觉的反应——无须停下来思考，或者更准确地说，无须进行更审慎的符号化推理。人工智能的关键发展是，它们能够从猜测或行动给出的反馈中学习。

这些方向之所以有效，是因为它们从具身理论中汲取灵感，不认为智力是一种处理符号的行为，而是以适应和学习为出发点获取体验，并从体验中学习。机器人和人工智能领域现在就什么是智力以及如何模拟智力达成了一致，像机器人这样的智力主体，需要身体与世界交互，并用身体来处理和世界之间的关系。为了真正发挥作用，人工智能需要迭代学习，而这个学习就建立在与变化的世界的反复交互当中。

## 容易的事情与困难的事情

因为我们长期以来一直认为智力就是认知技能，例如有能够下棋或者解复杂数学题的能力，所以早期的人工智能专家们认为他们很快就可以实现目标。的确，近年来人工智能的进步令人瞠目结舌，但值得大家思考的是还有哪些尚未实现，以及是否有些可能永远无法实现。对身体的关注可以帮助我们认清人工智能的潜在局限性，以及认识到缺乏具身性可能会是限制人工智能发展的唯一因素。

机器人学家和计算机科学家汉斯·莫拉维克（Hans Moravec）曾经观察到，"让计算机在智力测试或下跳棋时展现出成人水平的表现相对容易，但让其表现出1岁儿童的感知能力和运动能力却很困难，或者说几乎不可能实现"。他认为，如果我们将智能视为认知任务，那么计算机达到甚至超越人类技能水平则是相当容易的，然而，一旦我们尝试开发系统令其执行明显低级的任务时，例如拿起铅笔，就非常困难。人们很少会去专门思考如何用恰当的抓握压力将东西捡起这类容易的事情，但这在机器人中确实很难复制。机器人和人工智能的历史展示了，开发一台赢得国际象棋的计算机这种困难的事情往往相对容易，而相对简单的事情却很难实现，缺乏具身认知就是造成这种情况的原因。

虽然并不了解原理是什么，但人们就是可以轻松地在人群中发现他们认识的面孔。我们可以在房间里走来走去，识别物体，拿起它们，用一些令人难以置信的技能操纵它们以实现非凡的事情。我们可以骑自行车和开车，即使面对令人眼花缭乱的方言、口音或语言，我们也能解读会议气氛、感知他人的情绪状态并参与对话。这些都是非常难用技术实现的技能，但人类却可以不假思索地运用它们。这在很大程度上是因为我们拥有具身认知。

人类所展现的感知和运动能力已发展了超过10亿年，而推理和抽象思维的技能只有10万年的历史。正如莫拉维克所说，"我认为，我们称之为推理的深思熟虑的过程只是人类思想最表面的部分，人类的思想之所以强大，是因为它得到了更古老、更强大，但通常未被意识到的感觉、运动知识的支持"。我们拥有的具身认知是智慧中更古老、更重要的部分，这也是它们难以复制的原因。

## 知识"体"系

因为一直以来教育体系对于智力的看法非常狭隘，导致大家也都普遍认为智力就是一种认知能力。自从人工智能出现以来，研究者们就始终依赖于以大脑为先、大脑掌控智力的思想来模拟人类大脑。注意力都集中于复制人类的分析和推理能力，这也被认为是人类得以和其他物种做区分的标志之一。随着人工智能在某些领域取得成果，成功地复制了某些人类的自身优势，我们逐渐开始担忧人类会被机器所取代。

不过没有身体就没有智力的观点应该会给我们一些鼓舞。是身体赋予了人类独特的感知和模式识别能力，更不用提运动和感觉运动的能力了，人工智能想要超越这些能力还有很长的路要走。身体的能力帮助人们展现出了日常的智能，而这些很难被复制。梅拉尼·米歇尔这样解释道：

> 我们对于所面对的情境的理解源自广泛、直觉的"常识性知识"，包含世界的运作方式、目标、动机、他人的行为。我们对于世界的理解依靠的是概括的核心能力，将我们所知道的概括为抽象的概念，并进行类比。简言之，就是在新的情境中弹性地应用概念。

正如本书所展示的，人类智慧的独特之处就在于具身化。我们通过身体存在于这个世界，所以才能理解他人的目标、感情。因为我们不断地接触新的情况，尤其是反复接触一些类似的情况，所以我们能够逐渐掌握和应变事情的发展。身体的感觉能力帮助我们不断地感知这个世界，同时大脑和运动能力也在帮助我们理解他人的动作和行为。

但这并不意味着我们不需要学习如何与这些强大的人工智能和机器人相处，我们需要找到一个容纳它们的方法，当然这也将涉及一些道德和哲学的讨论。如今，高科技已经给社会和经济带来了影响，并随着其影响的渗透逐渐开始引起公众的焦虑。而且，我们也能明显地看到人工智能驱动的自动化技术逐渐取代了一些人类的工作，关于人与机器的古老争论将会被重新引爆。但值得一提的是，新技术的出现总会引起人们对人类将被取代的担忧。

我们也可以选择从我们的弱点而非优势的角度去看待人工智能与人类

的关系，这样的话，我们可以将那些表现得不如人工智能或是没有它们高效的工作分配给它们。仍然以开车来举例：如今很多汽车都已经配备安全系统，温度传感器会辨识道路上的危险，例如从路边灌木丛中突然跑出的动物。科技延伸了我们身体感知的能力。另一个例子是医学诊断，机器学习已经在疾病筛查方面的应用中取得了巨大的成果，相比于人类医生，它们能够更快更准确地对疾病做出诊断。我们不应该忽视它们所取得的这些成就，我们应该为这些能力提供支持，并选择为我们所用。在医疗领域，技术或许可以帮助解释哪里出了问题，但具身认知是帮助专业医疗人员理解病人和病情、制定最佳治疗方案的核心。

人工智能或许可以成为我们的"工作同事"，但我们还应认识到，具身认知赋予了我们无与伦比的能力，而这些能力在短时间内是无法被人工智能复制的。在本书中，我们遇到了两个重要的悖论。第一个悖论是波拉尼悖论（Polanyi's Paradox），即"我们能知晓的远比我们能表达的多"。人类智慧覆盖的范围会比任何有限的单词、符号能表示出的内容要更广阔。波拉尼认为人类的许多知识不可言喻，且是不断变化的，需要在语境中进行理解，这是机器运算无法完成的。

第二个悖论是莫拉维克悖论（Moravec's Paradox），它提醒我们人类拥有远超过机器的感知和操纵能力。计算机可以赢过国际象棋的冠军，可以比最优秀的数学家更快地处理数据，我们欣喜于机器取得的这些进步。然而，在低阶的感知和操纵方面，科技的能力尚无法与人类智慧比肩。

具身认知不可言喻的本质，以及具身认知带来的感知与操纵能力给予人类极大的优势。我们应享受具身认知带来的社会智慧让我们可以去学习并保留习得的技能，可以与他人之间产生联结，面对陌生的情境即兴发挥，以及用直觉来做决定。更重要的是，我们的具身认知是我们如何创造和理解一个充满意义的世界的核心。

我们经常会受到诱导，认为机器与人工智能将永远改变世界，然而，值得宽慰的是，因为具身认知的存在，人类智慧难以被复制、超越。这意味着身体是我们与机器、人工智能竞争的最大优势，身体是我们应该重视的超能力。

# ACKNOWLEDGEMENTS
# 致 谢

许多人为本书的出版做出了贡献，这本书的写作持续了很长一段时间，深深感谢在此过程中有意或无意启发我的人。

虽然我在商业领域工作了近20年，但我仍然把自己视作一个人类学家。我很感谢安东尼·科恩，他在爱丁堡大学的演讲让我意识到人类学能够以崭新而迷人的方式揭示世界的秘密。感谢乔纳森·斯宾塞指导我的博士论文，并鼓励我非常规的研究兴趣。

我很幸运能得到 Stripe Partners 全体团队的支持和鼓励，特别感谢汤姆·罗利、汤姆·霍伊和哈利·霍布森。同时，我还要感谢我的客户支持并愿意尝试书中的理论，希望他们在亲身实践中有所收获。

我要感谢詹姆斯·克拉布特里、珍妮弗·柯林斯、詹姆斯·霍尔和托尼·萨尔瓦多在本书的构思阶段给予我的帮助和鼓励。感谢肯·安德森、蒂娜·巴斯、埃德·比尔博姆、玛利亚·贝扎蒂斯、梅丽莎·切夫金、玛莎·科顿、约翰·柯伦、亚当·德拉津、山姆·拉德纳、崔西·洛夫乔伊、安妮·麦克拉德、亚历山德拉·麦克、克里斯蒂亚·马德斯比格、玛姬·莫里斯、马丁·奥尔特利布、雷沙姆·帕特尔、约翰·佩恩、尼克·波林格、戴维·普伦德加斯特和谢利·萨瑟。感谢一直给予我支持的斯托克斯·琼斯和瑞秋·辛格。

特别感谢在本书的研究阶段愿意与我讨论，并慷慨分享自己想法和经验的汤姆·阿里森、马克·伯谢尔、大卫·迪拉德、杰夫·贾勒特、崔弗·马尔尚、艾琳·欧康纳、本·佩奇、西蒙·史密茨阁下、托马斯·思韦茨、艾伦·温菲尔德和露西·于。特别感谢大卫·贝碧和位于香港国际十字路会团队，带给我难忘又不舒服的24小时难民模拟体验。

特别感谢约翰·雪利和吉拉特·格雷对本书草稿部分的仔细阅读和批注。

感谢A. M. Heath的尤安·桑尼克罗夫特担任我的经纪人，他是我最果断、最敏锐的支持者。邦尼尔集团（Bonnier）的奥利·荷登－雷亚是最优秀的编辑，他尽可能地帮助我简化流程，控制进度，始终支持着我。如果没有他的努力，这本书一定会失色许多。我还要感谢尼克·汉弗莱，感谢他对书稿进行细致的编辑。当然，本书所有的错误、遗漏或其他缺点都是我个人的责任。感谢莉西·多尼－金顿和凯特·格林威帮助，这本书才能来到手中。

感谢我的家人给我的无私支持，特别是我的母亲、萨拉和爱丽丝。虽然父亲没有机会看到这本书，但特别感谢他给予我的启发，我想如果有机会，他会很愿意为本书审稿的。

最后我要感谢露西，她是优雅、耐心、关爱的化身。没有她，这本书不可能问世。尽管她有自己的工作，她仍然确保一切能够顺利进行，并包容我频繁的旅行和分心。这本书献给她，也献给乔、玛莎和基特。